Invitación a la Biblia

Colección EL POZO DE SIQUÉN

482

José Ignacio González Faus

INVITACIÓN A LA BIBLIA

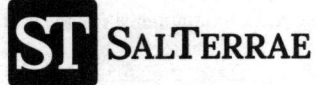

© Editorial Sal Terrae, 2024
Grupo de Comunicación Loyola
Polígono de Raos, Parcela 14-I
39600 Maliaño (Cantabria) – España
Tfno.: +34 944 470 358
info@gcloyola.com
gcloyola.com

Imprimatur:
✠ Arturo Ros Murgadas
Obispo de Santander
21-6-2024

Diseño de cubierta:
Vicente Aznar Mengual, SJ

Impreso en España. *Printed in Spain*
ISBN: 978-84-293-3216-2
Depósito legal: I-793-2024

Fotocomposición:
Marín Creación, S. C. – Burgos / www.marincreacion.com

Impresión y encuadernación:
Gráficas Lope, S. L. – Salamanca / www.graficaslope.com

A todos y todas vosotras (Miguel Ángel, Mati,
Gabriela y demás) que me habéis empujado
a dar a luz estas páginas

Sant Cugat del Vallès, abril 2024.

Índice

II. Nuevo Testamento:
del Dios justicia y sabiduría al Dios amor

Motivo de estas páginas

Me ha movido a escribir esta invitación una experiencia frecuente en mis últimos años: *de pronto me encuentro con gente mayor que desea leer la Biblia por primera vez.*

Unos lo quieren por razones culturales: hijos de padres ateos, algunos no bautizados, han sabido que la Biblia es el libro más leído en toda la historia de la humanidad y ello ha hecho que les pique la curiosidad. Otros, cristianos alejados o que perdieron la fe, se preguntan hoy si saben bien lo que dejaron o si deberían volver, y reconocen a la vez su ignorancia y su necesidad de algo más. Otros son todavía católicos, pero el contacto con protestantes, en turismo o migraciones, les ha hecho sentir vergüenza al ver cómo esos protestantes conocían la Biblia y como ellos la desconocían. Me han llegado también indirectamente noticias de personas adultas que iban a bautizarse estos días de Pascua y luego querían conocer bien el que será su libro fundamental. Y otros casos semejantes... En algunos, tras una conversación conmigo, surgió la petición expresa de que redactara esta especie de ambientación pedagógica[1].

---

[1] Aun sin esas experiencias personales sería suficiente motivación lo que expresa el último libro del gran biblista que es Rafael

He querido dar a estas páginas ese título de *Invitación*, que suena un poco a recomendación, consciente de que puede tener aún algo de provocativo. Digo eso porque muchos saben que la lectura de la Biblia (lejos de promovida) estuvo prohibida a los católicos en tiempos pasados. Uno de los actos más revolucionarios (y reformadores) de Lutero fue poner la Biblia en manos del pueblo. Lo cual era un riesgo, porque, como casi todos los disparates, la prohibición católica (por anticristiana que fuera) no dejaba de tener alguna aparente razón que intentaré explicar rápidamente porque puede ayudar a esta pedagogía.

La Biblia es un texto complicado y peligroso: puede robustecer la fe, pero también puede ayudar a perderla. Por su misma configuración puede ser también ser (y ha sido) objeto de manipulaciones subjetivas que llevan a deformar la fe. De hecho, los protestantes hubieron de soportar bastantes problemas en este sentido, porque la reacción de Lutero fue algo extremada o unilateral, como suelen ser todas las reacciones primerizas contra algo. Pero, a pesar de eso, los católicos deberíamos aprender y reconocer que es más cristiano el riesgo que el miedo; sabiendo también que el riesgo no es lo mismo que la temeridad, como el miedo no es lo mismo que la prudencia.

Aguirre: *La utilización política de la Biblia*, (Verbo Divino, Estella 2024); pero que llegó a mis manos cuando éste ya estaba concluido, y que será un excelente complemento para aquellos a quienes el tema siga interesándoles.

Por estas razones preferí titular estas páginas como «invitación» y no como mera presentación o introducción. Que, de introducciones, «haberlas *haylas*». A pesar de ese título, hay que reconocer que en la Biblia hay mucha paja: ponerse a leerla a ciegas acabará provocando un desencanto como el que cuenta san Agustín que tuvo él, aunque luego fue un entusiasta de la Biblia. Por eso es buena alguna orientación que ayude a encontrar en esa paja el grano que sabe a gloria y es de más de 18 quilates. Ojalá estas páginas ayuden algo a eso.

Para quienes me hayan leído otras veces, debo añadir que, sobre todo en la primera parte, repito cosas ya dichas en otros lugares; pero me pareció que podía sistematizarlas aquí de modo que sirvan como ayuda para quienes leen hoy la Biblia por primera vez. Es como cuando visitas una ciudad grande y te dan un plano. El plano puede ayudarte y situarte: pero la ciudad has de recorrerla tú. Y en ella hay calles y edificios más importantes que otros. Por eso *recomiendo que no se lea todo el texto seguido en la primera lectura*. Hay páginas muy importantes y otras menos. A veces indicaré las que pueden saltarse en la primera lectura.

Debo confesar, para cerrar este prólogo, que no soy un biblista. Mi trabajo teológico ha discurrido en lo que llaman teología sistemática. Pero eso quizás sea más ventaja que inconveniente, pues hoy las especializaciones son tan fragmentarias que podría pasarme como me ocurrió a mis treinta y pocos años, en Roma, con el gran biblista y persona que fue Stanislas Lyonnet. Asistía yo a un curso suyo sobre la Carta a los Corintios; fui a su despacho a preguntar alguna cosa y acabó diciéndome: «Mire yo solo soy especialista en la Carta a los Romanos». ¡Y estaba dando un curso sobre lo que yo le preguntaba!

J. I. G. F.

abril de 2024

UNAS PALABRAS
PREVIAS NECESARIAS

1. «Libros», no libro

La primera advertencia que hay que hacer a ese lector advenedizo de hoy es que la Biblia no es *un libro*, por mucho que la puedas tener en un volumen no demasiado grande y, además, titulado como *Biblia de Jerusalén* o *Nueva Biblia Española* o *Biblia de nuestro pueblo* (que es la que yo más recomiendo), etc., etc. Poniéndonos un poco eruditos, podríamos explicar que «Biblia» es el plural de una palabra neutra, *βιβλίον* (*biblíon*), y que significa «libros» (en griego y latín el plural de muchas palabras neutras termina en a). Y un conjunto de libros es, evidentemente, una biblioteca. Eso permite comprender la inmensa variedad de géneros literarios, tamaños y calidad de los textos allí recogidos. Como pasa con cualquier biblioteca.

2. «Testamento»: ¿de quién?

Hecha esta aclaración, hasta el más ignorante sabe que la Biblia se divide en dos partes que llamamos Antiguo y Nuevo Testamento y que recogen los textos anteriores a Jesús de Nazaret y posteriores a él. No enuncio esto para explicar una cosa supersabida, sino para plantear una reflexión sobre esa palabra algo infausta: testamento. Διαθήκη (*diathēkē*) es un vocablo griego que significa, a la vez, «testamento» y «alianza». El primer significado sirve para dar la sensación de algo gratuitamente recibido, pero hoy *evoca más bien la imagen de la muerte*; y la Biblia no es un libro de muerte sino de vida. En cambio, la palabra alianza *evoca más bien* la situación del género humano respecto a un Dios en cuya existencia se cree: una situación de amistad, de pacto y de responsabilidad. Amistad que es un regalo (de ahí lo del «testamento»), pero también un compromiso. Para estas páginas preferiremos esta segunda traducción de «alianza». La división de la Biblia en Antiguo y Nuevo Testamento la trataremos aquí como Antigua y Nueva Alianza.

Pero también ahí se hace necesaria otra aclaración: el término «antiguo» sugiere en nuestras lenguas occidentales la idea de algo pasado, casi caduco. Y ese tampoco es este el color del vocablo griego que aquí traducimos: «ἀρχαῖος (*archaîos*)» significa primerizo más que anticuado (derivado de ἀρχή – *archē* que significa inicio). Y no iría mal que, al menos los cristianos, nos acostumbráramos a hablar de Primera Alianza y Nueva Alianza, porque el que nosotros llamamos «Antiguo Testamento» puede haber sido superado o reformado y realizado de una manera imprevista, pero de ningún modo está totalmente caduco o ha dejado de tener vigencia. Simplemente porque como escribía san Pablo, ya en el siglo I: «Dios no se vuelve atrás de sus promesas».

No obstante, el mismo término «primero» no deja de tener también sus inconvenientes, porque la misma Biblia testifica que ya antes de esa alianza con Moisés (explicada en el que solemos llamar «Antiguo Testamento») hay otra alianza de Dios con Noé, simbolizada esta no en unos escritos, sino en el arcoíris, por la que Dios se compromete a no destruir nunca al género humano por más que se lo merezca[1]. Podemos pues (deberíamos quizá) hablar de una alianza *básica* (o de una promesa) que se concretará después en nuestras *primera* y *nueva* alianza (Antiguo y Nuevo Testamento en nuestro deficiente lenguaje cotidiano).

Aclarado esto, queda otro problema previo: cuando en nuestras liturgias oímos alguna lectura bíblica, suele terminar el lector proclamando: «Palabra *de Dios*». Y, a lo mejor, ha terminado esa lectura pública afirmando que los judíos mataron a miles de filisteos, o cosa parecida. El lector o el oyente normal se preguntará: pero ¿cómo puede ser eso palabra de Dios?

Esto nos obliga a explicar qué quiere decir esa expresión («palabra de Dios»), y nos lleva, por tanto, como otra reflexión introductoria, a algunas aclaraciones sobre eso que llamamos la «inspiración divina» de la Biblia. Estas aclaraciones, además, me parecen muy necesarias hoy, porque no creo exagerado afirmar que la mayoría de los creyentes tienen una idea deforme de la inspiración bíblica.

---

[1] Cf. Génesis 8,21-9,17.

3. Palabra «inspirada» por Dios: ¿cómo?

Es un principio fundamental de la concepción cristiana el que, cuando Dios actúa a través del hombre, no lo hace nunca suplantando o suprimiendo al hombre, sino respetándolo al máximo. Por olvidar esto, muchos creyentes piensan que cuando un libro está inspirado por Dios su autor humano no es más que una especie de amanuense que escribe al dictado o, peor aún, una especie de plumilla con la que escribe Dios. Esta podrá ser una concepción musulmana de la inspiración (no lo sé), pero de ningún modo es la cristiana. De ser así, la Biblia no podría contener errores astronómicos (como pretender que el sol «se detiene»: Josué 10,12-13), ni zoológicos (como pretender que el conejo o la liebre son rumiantes: Lev 11,5-6), ni dar cifras a todas luces exageradas de personas o de dimensiones de una ciudad.

Tengamos en cuenta, además, que la Biblia no es un libro escrito todo de una (como una tesis doctoral), sino una serie de escritos o libros, que van apareciendo en tiempos y lugares distintos, y que luego se han fundido y retrabajado.

La inspiración divina no cambia nada las cualidades o el temperamento del autor inspirado: por eso hay textos en la Biblia que son muy claros y otros que resultan oscuros; hay textos literariamente maravillosos (dignos de un premio Nobel) y otros más bien vulgares. Y, en la Nueva Alianza, es posible percibir que hay autores que dominaban bastante la lengua griega y otros que no. Tampoco habría inspirado Dios, en un mismo libro, unas páginas en griego, otras en hebreo y otras en arameo (como pasa con el libro de Daniel). Y basta con leer una página de Pablo y otra de Juan para comprender que el autor material de aquellas páginas no es Dios, sino Pablo de Tarso y Juan el de Zebedeo.

El Concilio Vaticano II dejó esto bastante claro en su Constitución sobre la divina revelación (*Dei Verbum*): no quiso hablar de «inerrancia» de la Biblia, sino de «verdad», a pesar de que el esquema presentado por la curia romana hablaba de inerrancia. Esa Constitución del concilio escribe que los libros de la Sagrada Escritura enseñan «con firmeza, con fidelidad y sin error aquella verdad que *Dios, por causa de nuestra salud*, quiso que quedase declarada allí» (n. 11).

Y perdone el lector si esas palabras que he puesto en letra cursiva necesitan una aclaración gramatical erudita. El original latino dice: «*Deus, causa salutis nostrae*». Pues bien: la palabra causa puede estar en ablativo o en nominativo (a lo mejor algún lector anciano recuerda aquello de las declinaciones de nuestro bachillerato). En el primer caso significaría aquellas verdades que Dios quiso comunicar «*por causa de* nuestra salud» (y así está en las traducciones habituales). Si fuera nominativo la traducción sería: aquellas verdades que quiso comunicarnos «Dios, *que es la causa de*» nuestra salud. Se referiría, por tanto, no a aquellas verdades que afectan a nuestra vida de fe, sino a toda clase de verdades.

Pues bien: acabado el Vaticano II surgieron esos grupos tradicionalistas que nunca faltan y que pretendían que la enseñanza del Concilio era lo segundo y no lo primero (nominativo y no ablativo). No habían escarmentado tras lo sucedido con Galileo, a quien se le objetaba que es el sol el que gira, y no la tierra, porque la Biblia dice que Josué «mandó pararse» al sol...

Al lector, sea cristiano o no, le irá bien saber que cuando en la Iglesia aparecen esos grupos conservadores que apelan a «la tradición» cristiana ¡se están refiriendo en realidad al siglo XIX!, no a la tradición originaria del cristianismo. Pues, en este segundo caso, deberían saber que ya san Agustín había escrito que Dios, cuando inspiraba la Biblia con su Espíritu: «quería formar cristianos, no matemáticos»[2]. Eso sí que es «tradición». Pero, por lo visto, siempre ha de haber y habrá en la Iglesia grupos de esos que parecen frenos de mano. A veces incluso patrocinados por algún obispo o cardenal, como sucede hoy en la oposición a Francisco...

Una analogía muy vaga sobre lo que es la inspiración bíblica, pero útil sobre todo para aquellos que se dedican a escribir o a componer música, la tenemos en una experiencia humana muy real y para la que usamos la misma palabra: me refiero a la *inspiración* poética o literaria. Quien ha compuesto poesía (o música) sabe que se viven momentos en que encuentras dentro de ti algo (como si fuera un embarazo espiritual) que debes sacar de ti[3]. Y, de hecho, más de una vez se ha hablado de la

---

[2] *De natura boni contra manicheos*, PL 42, 525.

[3] Intenté describir esto un poco más en el prólogo a un pequeño libro de poemas titulado *Instantes* (San Pablo, Madrid 2020) que nunca pensé publicar, pero que la amiga Mariángeles me sacó no sé cómo de las manos o de mis carpetas...

composición artística como un parto. Esa experiencia se te dará algunas veces ya casi formulada, mientras que otras veces habrás de buscar tú cómo dar cuerpo y expresión material a aquello que llevas dentro. Podrá ser incluso que no acabes de encontrar del todo la forma que más te hubiera gustado. Pero lo innegable es que esa inspiración existe. Y no obsta contra este dato la frase atribuida al poeta Baudelaire: «la inspiración es trabajar cada día», porque ya hemos dicho que esa fecundación requiere un desarrollo o trabajos como los de un embarazo.

Por tanto, a la vez que debemos afirmar la inspiración divina de la Biblia, vale también para ella aquella enseñanza de un concilio ecuménico del s. XIII: «de Dios nunca podremos decir nada con tanta verdad que no tenga más mentira que verdad[4]».

4. Unas consecuencias trágicas de lo anterior

La prueba de que la concepción habitual de la inspiración es la que aquí hemos rechazado, la tenemos en el triste dato de tantos conflictos artificiales entre fe (o teología) y ciencias. Ya aludí al caso Galileo. Pero conviene evocar ahora los conflictos con el tema de la evolución y con la ciencia histórica, porque son más actuales.

Darwin era un hombre profundamente religioso: sus mismas experiencias sobre la aparición y el desarrollo

---

[4] Concilio IV de Letrán. El original latino no habla de verdad y mentira sino de semejanza y desemejanza; pero la traducción castellana me parece más inteligible cambiando esos términos.

de la vida en el universo lo dejaban sobrecogido y, por así decir, en actitud como de adoración. Pero no podía aceptar una creación estática de la naturaleza, simplemente porque la Biblia no habla para nada de la evolución. Como si Dios hubiera dicho de golpe: ahora voy a hacer pinos y peras; ahora gorilas y orangutanes...

Olvidaban esos opositores (que suelen ser los que más gritan) un principio que he formulado miles de veces: *Dios no actúa como un fabricante*[5], Dios actúa *haciendo que las cosas se hagan*: «hágase la luz» escribe el Génesis; y repite varias veces: «y *dijo* Dios», que no es la manera de actuar de un artesano. He comentado en otros sitios la gran intuición latente en el hecho de que la Biblia reserva para la actuación de Dios una palabra (*barah*) que no usa para el actuar humano y que nosotros traducimos como «crear».

Todos estos eran indicios más que suficientes para poder aceptar la creación evolutiva, como intuyó muy bien Teilhard de Chardin (perseguido también por eso), en vez de rechazarla como hacen aún los fundamentalistas de las sectas norteamericanas (mal llamados «creacionistas»), simplemente porque la Biblia «inspirada por Dios» no habla de la evolución y de que las cosas se vayan haciendo a sí mismas...

Y el balance es, muchas veces, acabar aceptando verdades científicas con dos siglos de retraso y perder crédito cuando, a lo mejor, en otros casos, sí que es la

---

[5] En el lenguaje tradicional sería un «demiurgo», término que ya en el judaísmo aparece constantemente como opuesto al Dios verdadero.

palabra de Dios la que debe poner algún matiz o alguna corrección a pretensiones desorbitadas de la ciencia.

Y quizá mayor ha sido el conflicto con la ciencia histórica, hoy superado, y que alcanzó su mayor intensidad con los evangelios. Si la Biblia estuviera «inspirada por Dios» (en el sentido antes rechazado), ya no podría ser que una frase atribuida a Jesús no la pronunciara él o no sea histórica; ni que, si un mismo episodio lo cuentan dos evangelistas de maneras diferentes, sea eso señal de que se trata de dos episodios distintos y no del mismo episodio adaptado pedagógicamente a la enseñanza que quiere transmitir cada uno de esos evangelistas. Pero de esto hablaremos más al tratar de los evangelios. Ahora baste con decir que, de ser válidos esos argumentos, Jesús tendría que haber sufrido la pasión cuatro veces, pues las narraciones de los cuatro evangelistas son bastante distintas. Y eso que hay cierto consenso entre los críticos en que esas narraciones fueron lo primero que se puso por escrito de los evangelios.

Así, la crítica histórica de los evangelios se convirtió muchas veces en un arma contra la fe y, de nuevo, han tenido que pasar dos siglos para que esa investigación histórica sea una tarea necesaria, aceptada por todos[6] y que, además, ha hecho algunas grandes aportaciones inesperadas[7].

---

[6] Salvo por las ya citadas sectas fundamentalistas norteamericanas (llamadas evangelistas) cuyo apostolado suple muchas veces con dólares la falta de rigor científico.

[7] Por poner un único ejemplo que aún necesita remarcarse: la opción radical de Jesús por los pobres y oprimidos no es hoy una consideración meramente piadosa, sino una verdad *científica*, que no puede rechazarse con etiquetas cómodas como «comunismo», etc.

Sabiendo lo que es la pasta humana, tampoco extrañará que esa crítica histórica haya sido usada por algunos para justificar un abandono de la fe debido en realidad a otras razones. Como es igualmente cierto que otras veces la Biblia ha sido manipulada apologéticamente por creyentes como demostración de su fe. Aún recordará algún lector aquel título famoso: *Y la Biblia tenía razón*. Pero, si situamos las cosas en su sitio, la Biblia no necesita esa defensa. Como dice el sabio refrán castellano: «cada cosa en su sitio y un sitio para cada cosa».

Hoy, además, la perspectiva histórica permite comprender que, en realidad, el conflicto no se ha dado entre ciencia y Biblia (o entre ciencia y fe), sino entre una determinada lectura de la Biblia (fruto de una mentalidad social más conservadora, pero autoprotegida como «palabra de Dios») y otras posibles lecturas fruto de otra mentalidad histórica, a veces un poco ingenua: entre la impaciencia de los inseguros y quizá la precipitación de algunos impacientes.

5. Un apéndice necesario: la cuestión de las lenguas

Aprendí estudiando a Jesús que, cuando Dios entra en la historia, no juega en ella con ventaja, sino que se somete a las limitaciones de la misma historia. Y una de esas limitaciones es la pluralidad de lenguas, que ya aparece presentada en la Biblia como un «castigo de Dios», ante la pretensión totalitaria del género humano de elevarse *por sí solo* hasta el «más allá» de los cielos: es el conocido episodio de la torre de Babel.

Y es que *una lengua no es simplemente un conjunto de palabras para designar las cosas, sino toda una manera de ver y de resonar ante nuestro entorno.* Las palabras pueden traducirse por otras equivalentes, pero esa manera de ver es casi siempre imposible de transmitir. Con un ejemplo muy casero: la expresión catalana: «¡*tant de bo*!» sugiere a la vez un deseo y una valoración de eso deseado. La traducción castellana más habitual dice solo «ojalá»; o puede traducirse también como «¡qué bueno sería!». En el primer caso expresamos solo el deseo sin la valoración de lo deseado. En el segundo caso expresamos esa valoración («qué bueno»), pero no el deseo. Si eso pasa con un giro tan vulgar, imaginemos qué puede suceder a la hora de expresar realidades o experiencias mucho más complejas.

En este contexto, el lector distante que lee hoy la Biblia debe saber que su acceso nunca será completo. El verbo «conocer» a nosotros nos suena a información simplemente; en la mentalidad hebrea designa una relación mucho más honda («conoció Adán a su mujer» dice el Génesis aludiendo al acto sexual). Y la palabra «verdad» tiene muchas veces en la Biblia el sentido de veracidad (o autenticidad) más que el nuestro de coincidencia con lo real[8].

---

[8] En castellano, la traducción que más aprecio es la traducción de Mateos-Schökel que, para evitar aquello de «*traduttore-traditore*», ha sabido sustituir a veces una sola palabra por un circunloquio y, además, es clara y biensonante. En cambio, el castellano de la *Biblia de Jerusalén* (tan útil por otro lado en muchas notas) me parece por desgracia deficiente.

Además, muchas traducciones antiguas no se hicieron directamente del original, sino del latín, en la traducción de san Jerónimo, llamada *Vulgata*, que era habitual en las antiguas misas católicas. Eso, inevitablemente, alejó muchas traducciones si no del lenguaje, sí *de la mentalidad* del original. El mismo texto griego de los evangelios es ya (en lo referente a los diálogos) una traducción del hebreo o arameo en que discurrieron los hechos. En este sentido, puede ser bueno informar al lector de un detalle prometedor. La canallesca guerra de Siria ha traído entre sus calamidades una casi destrucción de la ciudad de Alepo. Esa ciudad (musulmana hoy) conservaba el arameo como lengua propia. Y, por ejemplo, en España, ha ocurrido que algunos huidos de Alepo, al entrar aquí más en contacto con los evangelios, hayan intentado buscar los giros arameos originales que podían estar debajo de lo que nosotros leemos. Existen algunos libros en este sentido, pero no vale la pena citarlos aquí. Citare más bien algunos ejemplos para ilustrar esto:

a) Las palabras de Jesús en el Padrenuestro. Resulta que en arameo la misma palabra significa a la vez culpa y deuda económica (como en alemán, curiosamente). Y es muy posible que Jesús, que vivió en un mundo cargado y agobiado por las deudas, quisiera hacer aquí un juego de palabras hoy mal traducido: perdona nuestras culpas, así como nosotros perdonamos a *los que nos deben dinero*[9].

---

[9] En cuanto sé, solo la traducción catalana ha mantenido esa dualidad: «*perdoneu les nostres* culpes *com nosaltres perdonem els nostres* deutors». La traducción de nuestra liturgia castellana

b) Metidos en cuestiones lingüísticas evoquemos la polémica latente sobre la palabra *hermanos*, cuando los evangelios hablan de «los hermanos de Jesús». Es cierto que la palabra evangélica puede ser traducida también como parientes. Pero también es cierto que igualmente puede referirse a hermanos carnales de Jesús. Aquí la traducción se elige siempre desde otros presupuestos dogmáticos (referentes al significado de la «virginidad» de María), pero no desde el mismo original de la palabra de Dios.

c) También en arameo la misma palabra significa «cordero» y «siervo». Cuando Juan Bautista señala a Jesús, quiso decir probablemente: «he ahí el Siervo de Dios que carga con el pecado del mundo», aludiendo a un himno del profeta Isaías (capítulo 53). En cambio, parece que el otro Juan (el evangelista) prefirió quedarse con la palabra «cordero» y habla no del Siervo, sino del Cordero de Dios, porque su texto no cuenta la institución de la eucaristía (que ha sustituido por el lavatorio de pies) y, para compensar eso, ha puesto varias alusiones dispersas a la eucaristía que ya iréis encontrando.

d) Como ejemplo más divertido, quiero recordar que, en la traducción oficial catalana del Génesis sobre Adán y Eva, la expresión «serán una sola carne», pareció demasiado audaz para un traductor un poco mojigato en este punto, y tradujo: «serán una sola familia».

e) Más se complican las cosas con la expresión hebrea *ben adam* (en arameo *bar nasha*) traducida como

---

(«perdona nuestras ofensas como nosotros perdonamos a los que nos han ofendido») diluye demasiado las palabras de Jesús.

«hijo de(l) hombre» y que es la que Jesús se aplicaba a sí mismo. Porque ya en la Primera Alianza son bastante diversos los usos que se hacen de ella[10].

f) Un posible peligro de una intelección deforme lo tenemos con la palabra sangre (*dam* en hebreo), tan frecuente en nuestras liturgias. Podemos traducir literal y exactamente el vocablo; pero resulta que sangre tiene en castellano unas resonancias de dolor o sufrimiento mayor («me ha salido sangre» decíamos de niños) y en hebreo tiene unas resonancias de vida, porque se creía que la sangre era la sede de la vida (cuando uno se desangra, pierde la vida y, para reanimar, se hace una transfusión de sangre...). De ahí la prohibición judía, tan repetida, de no ingerir sangre o alimentos no desangrados. Esto puede dar lugar a momentos y expresiones en que la resonancia que suscita esa palabra sea muy distinta de la original: la expresión bíblica «nos ha salvado con su sangre» quiere decir en realidad que nos salvó entregando su vida. A nosotros nos sugiere más bien que nos salvó con su sufrimiento, dando así lugar a una espiritualidad más dolorista y a veces algo masoquista.

Como veis no son cosas sin importancia. Y aunque no podamos resolverlas conviene saber que estos peligros existen, si nos surge alguna dificultad.

_____

[10] Expuse la opinión que me convence más en el «Apéndice al capítulo 5» de *La Humanidad Nueva. Ensayo de cristología*, 10.ª edición renovada, Sal Terrae, Santander 2016, 290-302. Pero que sea la que más me satisface tampoco significa que pueda darla como cierta.

g) Otra cosa para mí incomprensible es la traducción habitual: «Dios de los ejércitos». El singular hebreo *tsaba* significa «multitud» y las gentes antiguas, que no tenían ni grandes ciudades ni campos de fútbol, casi solo veían multitudes cuando pasaba algún ejército. Es además curioso que esa expresión no aparezca en los textos históricos, más guerreros, como el Éxodo o Josué, y aparezca bastante en los profetas. Algunos interpretaron eso como que la expresión se refería a los ejércitos «celestiales» (los ángeles, o las estrellas del cielo). Quizás. En cualquier caso, hoy deberíamos traducirla como «Dios de las multitudes» o «Dios del universo». Y, de hecho, si alguno de vosotros vais a misa, recordaréis que esa traducción es la que ha quedado para el *Sanctus* de nuestras misas en castellano: «santo es el Señor *Dios del universo*». Pero, no sé por qué, en las biblias suele aparecer como Dios de los ejércitos, que el lector entenderá de manera militar, dando una pésima imagen de Dios.

Y basta de ejemplos: he evocado estos solo para que el lector sepa que cuando lee la Biblia en su lengua, quizá no accede siempre totalmente al texto bíblico. Y, a lo mejor, ante algunas dificultades (no muchas, pero sí algunas) conviene que deje pendiente la cuestión o que consulte otras traducciones.

* * *

Perdonen los lectores, pero creo que estas palabras previas eran necesarias, para ponernos ahora en disposición de ir introduciéndonos por partes en el texto bíblico. Recordemos finalmente que se trata de un texto escrito *en diversos momentos históricos y por diversos autores* (no por un solo autor como podría ser el *Corán*); que a través de esas diversidades va actuando progresivamente la pedagogía de Dios, como hacemos con un niño conforme va creciendo. Y que se expresa además en *diversos géneros literarios*. Esto exige, por ejemplo, que muchas veces no tratemos de argumentar con un solo texto de la Biblia, sino con su enseñanza global. Y aquí será útil una cita de Teresa de Ávila, escrita en 1571, cuando le dicen que san Pablo habla del «enterramiento» de las mujeres y que, por tanto, debía dedicarse a contemplar y no a fundar conventos: «díjome [el Señor] que no se sigan por sola una parte de la Escritura, que miren otras y que si podrán por ventura atarme las manos»[11].

Yo creo también que me explico mejor si me imagino en diálogo con el lector: es mi género literario y a él recurriré algunas veces…

Así pues, queridos hermanos, perdonad este pequeño latazo introductorio y vamos por fin a entrar en materia.

---

[11] *Cuentas de conciencia* (o: *Relaciones*), 19 (en la numeración más reciente), *Obras completas*, BAC, Madrid 1962, 444.

INTRODUCCIÓN
A LOS DIVERSOS LIBROS

I

La Primera Alianza

1. Libros históricos

1.1. Contextuación: significado de lo «histórico»

Debemos comenzar avisando de que la concepción de la historia no es hoy la misma que en la antigüedad. Nosotros buscamos (o decimos buscar) la máxima objetividad. Aun así, esa objetividad tan total será muy distinta si la guerra de Ucrania la cuenta un historiador ruso o uno ucraniano. También de niños oíamos hablar de la «leyenda negra» y expresiones parecidas...

Pero hoy, podemos decir al menos que esos subjetivismos casi inevitables se apartan de nuestro ideal de lo histórico. Mientras que hace veinte siglos no era así. Incluso en textos paganos, sin la pretensión doctrinal de la Biblia, la pretensión de los historiadores parece ser comunicar al lector *las lecciones que hay que sacar de los hechos, más que los hechos mismos desnudos.* Basta con leer la historia de Roma escrita por Tito Livio[1]. Y

---

[1] O incluso, en historiadores que parecen ser más serios, como Tácito, basta con ver la presentación que hace de los cristianos

si eso pasaba en el mundo pagano, cuánto más en el mundo judeocristiano, que se cree en posesión de una «revelación» divina y una misión de transmitirla.

Antiguamente, la historia no pretendía ser una mera presentación de hechos desnudos, sino de hechos interpretados. Tampoco teme suplir, de cosecha propia, datos que serán amenos para el lector, pero que no podía conocer el autor, algo de eso que pasa hoy muchas veces en el cine cuando se pone a hacer historia. Tucídides, que es el más serio de los historiadores griegos, creo que es el primero que se atreve a confesar que un determinado discurso enardecedor antes de una batalla ha sido compuesto por él y no transcrito literalmente. Aunque añade que, antes de redactarlo, se informó por algunos soldados de lo que había dicho el general que pronunció aquel discurso. Vaya usted a saber...

Quiero decir, por tanto, que los libros históricos de la Biblia no pretenden darnos hechos *desnudos*, sino hechos reales, no inventados, pero sí *interpretados*. El pueblo judío contó su historia muchas veces (no solo en los primeros libros del Pentateuco, Jueces y Reyes (de los que ahora hablaremos), sino en los más tardíos de Esdras, Nehemías y las llamadas hoy Crónicas. Y costaría poco al lector descubrir cómo hay una progresiva idealización de David, desde su primera presentación en el libro de los Reyes, hasta su aparición en esos otros libros posteriores. Lo cual, para nosotros ahora,

---

como «enemigos de la humanidad» para comprender que también su historia de Roma tiene parte de defensa del imperio romano más que de presentación de hechos desnudos.

quiere decir que son aquellos primeros y no estos otros más tardíos los que habrán de interesar al lector que se acerca por primera vez a la Biblia. Y sobre eso quisiera ofrecer una curiosa información vivida personalmente.

Hace unos 25 años, la editorial Planeta, siguiendo una iniciativa inglesa que había resultado muy exitosa, decidió publicar diversos libros de la Biblia comentados por no creyentes. Planeta añadió (para evitarse líos) comentados por un no creyente y un creyente[2]. Pues bien, al amigo Manolo Vázquez Montalbán le tocó el libro bíblico de los Reyes, y recuerdo su comentario: «nunca he visto un pueblo que escriba sus orígenes y su historia para criticarse y vapulearse a sí mismo, en lugar de ensalzarse y encumbrarse». Ni el *Cantar del mío Cid*, ni la *Chanson de Roland*, ni los *Nibelungos*, ni *Os Lusíadas* hablan así de sus pueblos respectivos; y no digamos nada de aquellas encantadoras película «del Oeste» que idealizaban una situación que era de auténtico *apartheid* y de claras injusticias, como hemos podido saber luego.

Este detalle insólito de la Biblia tiene una intención clara: sus libros históricos pretenden comunicarnos que la historia de aquel pueblo es *una historia de la infidelidad propia, por un lado, y de la misericordia de Dios, por otro*; porque ese pueblo que tanto se acusa y se denigra es, además, el que se considera elegido por el único Dios verdadero: «nunca trató así a ningún otro pueblo», cantará uno de los salmos.

---

[2] Participé en esa empresa y me tocó comentar los profetas Amós y Jonás (con Bernardo Atxaga) y el Éxodo (con Zoé Valdés).

Como ahora mismo veremos, esa infidelidad culmina con la elección de la monarquía. Ahí el pueblo elige entre ser como una luz pequeña, pero que ilumina, o poder ser un «imperio» como los demás pueblos de alrededor (Egipto, Babilonia, Asiria, Persia). Elige lo segundo, siendo infiel a su misión, y esa infidelidad termina en el mayor de los dramas: la trágica división del pueblo de Dios entre el Norte (Israel) y el Sur (Judá), más el exilio posterior.

1.2. La visión bíblica de la historia

Dejando episodios concretos, al lector que abre hoy la Biblia le ayudará saber que puede encontrar nuestra historia humana dividida en tres etapas de muy diverso tamaño. Los once primeros capítulos del Génesis pintan un mundo creado por Dios pero infiel a Dios, y que, por eso, termina deformado en el episodio ya citado de la torre de Babel (Génesis 11), cuyo mensaje es: *la humanidad se ha vuelto incapaz de entenderse.*

A ese balance de la historia humana le sigue una segunda etapa que abarca todo lo que hemos llamado «Primera Alianza» (o Antiguo Testamento) y que contiene la formación y la historia del pueblo judío: *ante un mundo extraviado, Dios decide crearse un pueblo propio que sea «luz de las gentes»* (Isaías 49,6).

Finalmente, esa primera alianza, aunque también quebrantada por el pueblo, es reconstruida y superada en la Nueva Alianza: en ella estará primero toda la persona, vida y destino de Jesús de Nazaret y después el nacimiento de la Iglesia como nuevo pueblo de Dios, que ya no será un pueblo vuelto hacia sí, sino vuelto *hacia el mundo* con su apertura e inclusión de los gentiles y con el carácter comunitario de los dones del Espíritu.

Ahí termina lo que podemos llamar revelación bíblica, que debe continuarse en la historia de una Iglesia, también «pecadora y santa» a la vez («casta meretriz» la llamaron los primeros cristianos), pero «total». Eso es lo que significa nuestra palabra «católica»: que lo abarca todo (del griego καθόλου – *kathólou*). Y que parece empalmar así con la primera promesa hecha a Noé, que habíamos calificado como alianza básica.

1.3. Historia y mito

Como, lógicamente, el lector al que me dirijo comenzará su lectura «por el principio», creo que vale la pena decir una palabra sobre los tres primeros capítulos del Génesis (prescindiendo de la preocupación posterior por las genealogías de los pueblos conocidos, que hoy nos interesa menos). Ello nos llevará a hacer una distinción entre historia y mito, recuperando el valor de este; y nos permitirá sentar la tesis de que esos primeros capítulos no son historia, ni siquiera hechos reales «interpretados» (como antes dijimos), sino que los primeros capítulos del Génesis son, sencillamente, mitos. Veamos en qué sentido.

El mito no es una mentira (como tendemos a pensar hoy desde nuestra pretensión de superioridad), sino un modo de expresar en forma narrativa profundas verdades que pierden intensidad al ser formuladas en abstracto. En ese sentido se contrapone más al logos que a la historia.

Mitos griegos como el de Prometeo, el de Orfeo y Eurídice, el de Sísifo o el de Narciso, expresan *profundas verdades humanas de manera más intensa que un enunciado genérico*: que el progreso humano tiene un gran precio; que la impaciencia humana (aunque sea una impaciencia amorosa) puede tener unos resultados desastrosos; o que el ser humano vive siempre en persecución de algo que nunca acaba de conseguir y que la excesiva fijación en uno mismo es una manera fácil de destruirse... Son verdades humanas muy serias, que quizá impactan más convertidas en narración que formuladas en abstracto, porque la narración puede ser vivida y los abstractos a veces dicen muy poco, por su generalización.

Por la época en que se escribe, el Génesis no puede prescindir de los mitos. Pero hay una diferencia importante entre los mitos bíblicos y los de las demás culturas ambientales: en estos últimos, la narración sucede fuera del tiempo y del espacio (como se ve en los antes citados o en los mitos babilónicos). En cambio, en los mitos del Génesis la narración está *insertada en nuestra historia humana*, en nuestro espacio y nuestro tiempo. Y por eso, de esos mitos brotan unas lecciones fundamentales para nuestra historia concreta. Por ejemplo:

– *La primacía del ser humano*. Antes, Dios ha creado siempre diciendo: «*hágase*» (o aparezca) la luz, la bóveda del cielo, las plantas... De repente se para y dice: «*hagamos*». Y la razón de esa aparente deliberación parece ser que no va a aparecer un ser más, sino algo muy superior: «a su imagen y semejanza».

– Precisamente por eso, este nuevo ser tiene *una misión sobre la tierra*: primero hacerla habitable (en expresión literal, que se pueda «poner el pie» en ella) y luego, al comienzo del capítulo siguiente, cuidarla «como un jardín».

– El hombre tiene *una pretensión de absoluto* (quizá por aquello de ser imagen y semejanza de Dios), que le lleva a pervertir esa misión: en vez de «*responsable*» de la tierra se autoproclama «*rey*» de la creación y con eso lo desfigura todo. Ese es el árbol de la fruta prohibida.

– Después de ese peligro masculino, aparece *la mujer como una ayuda* (igual, pero «distinta»[3]), sacada de lo más íntimo del hombre. La traducción «costilla» no es la mejor y da lugar a mil bromas. Esa misma palabra significa, en cuanto yo sé, «costado», como si quisiera decir: sacada de lo más central del hombre, no de un apéndice por valioso que fuese.

– Desde el comienzo mismo de la historia, *los hermanos comienzan a matarse* (Caín y Abel). Eso desfigura la historia humana convirtiéndola en una historia fratricida cuya principal profesión será la guerra[4].

---

[3] Así es como me enseñaron que estaría mejor traducida la expresión hebrea *knegued* que aparece ahí (Gn 2,18) y que otras biblias traducen como una ayuda adecuada. Sin que haya verdadera diferencia: porque muchas veces lo más adecuado al ser humano es lo que se le contrapone.

[4] Precisamente uno de los libros sagrados del Oriente (tan ajenos a la historia): la deliciosa *Bagavad Gita* es en parte una justificación de la guerra que su protagonista quiere rechazar.

Aunque Dios intentará, protegiendo a Caín, el asesino, que en esa guerra la justicia no se convierta en venganza.

– Y fijaos, por eso, en el comienzo del capítulo 6: el que había dicho cinco capítulos antes que «todo lo creado era muy bueno», se arrepiente ahora «de haber creado al hombre», al ver cómo este ha extendido *la maldad sobre la tierra*[5].

1.4. Los diversos libros

Desde estos principios antropológicos podemos ahora pasar a los libros siguientes. Del llamado Pentateuco, mejor saltar ahora el Levítico y fijarse sobre todo en Éxodo y Deuteronomio (el 2.º y el 5.º)[6]. Buscando en ellos estas tres lecciones:

1. Éxodo significa *salida*. Como si la vida humana fuera una salida constante sin llegar nunca. Los que tan

---

[5] Recordemos la película *Matrix*. Su tesis venía a ser que el ser humano es una especie de veneno o cáncer para el planeta tierra y que hay que acabar con él. Pero quienes asumían esa tarea no pensaban acabar también consigo mismos. Dios, en cambio, decide no exterminar al ser humano.

[6] Es cosa hoy admitida por todos que esos primeros cinco libros son obra de cuatro autores distintos que solemos llamar elohísta, yahvista (por los nombres que dan a Dios), sacerdotal (designado como P: del alemán *Priester*) y deuteronomista. Fueron los autores sacerdotales los que unificaron esas fuentes en un solo texto, teniendo la virtud de no eliminar cosas de los textos previos, sino mantenerlos íntegros, aunque pudieran parecer opuestos. Así veréis que Génesis 1 (del sacerdotal) habla de hacer habitable la tierra, mientas que Génesis 2 (creo que del elohísta) habla de cuidar el jardín. El uno dice que Dios simplemente dijo: «hágase» y el otro que Dios «trabajó» la arcilla, etc.

rápidamente habían salido de Egipto por la alianza de Dios con ese pueblo, y habían pasado el mar a pie enjuto, se encuentran ahora no ya en la tierra prometida, sino en un desierto donde a veces falta de todo, hasta lo más elemental, como alimento y agua. La vida creyente ha de ser una vida de confianza donde a veces parece que Dios ha olvidado su promesa, aunque acabará cumpliéndola. Pero esa experiencia hace que el pueblo desconfíe de Dios y no supere la prueba fundamental de la confianza. Encontraréis también aquí la respuesta de Dios a Moisés: «Yo soy el que soy». Por supuesto no debe leerse como hizo santo Tomás: «soy el ser necesario cuya esencia es existir». Aquellos tiempos no estaban para esas metafísicas. Es una respuesta más bien evasiva que estaría mejor traducida como: «Soy el que seré», es decir: ya lo irás viendo.

2. En esos dos libros encontraréis los llamados «*diez mandamientos*» como una cláusula fundamental de la alianza con Dios. Una amiga mía no creyente decía que el Decálogo es una de las grandes aportaciones del judaísmo a la humanidad. No sé si es así, pero recuerdo que J. P. Sartre, al final de su vida, vino a decir algo parecido: al judaísmo hay que agradecerle el descubrimiento de la ética[7]. Lo que ahora quiero subrayar es cómo esa ética se irá degradando, pasando de camino a

---

[7] En una larga entrevista que le hizo Benny Levy en *Le Nouvel Observateur*, publicada los días 10, 17 y 24 de marzo de 1980 (un mes antes de su muerte) y que comenté un poco más, en diálogo con Josep Ramoneda, en *Iglesia Viva* 237 (2009), 95.

ley: en realidad la palabra Torá (que se traduce como «la Ley») significaba camino y no ley. El camino, en cierto modo, es una ley, pero solo se te impone si quieres llegar a donde dices que vas. La ley tiene un significado menos positivo y puede ser una imposición arbitraria o innecesaria. Buena parte de la historia de la Primera Alianza (junto a lo dicho de la tentación de desconfianza) es como una exaltación de la ley, que Jesús denunciará como fariseísmo.

3. Y una confirmación de eso la encontraréis en la frase que aparece mucho en el Deuteronomio: «pongo ante ti la vida y la muerte»: *elige tú*. Es como una primera intuición de la libertad que da Dios al hombre.

4. Antes de dejar el Decálogo fijémonos en su segundo mandamiento, que las iglesias cristianas han suprimido con alguna falta de matices: *no te harás ninguna figura de Dios* ni te postrarás ante ella. La razón de esa supresión cristiana fue que en Jesucristo ya tenemos una imagen de Dios a la que podemos adorar. Pero luego eso se ha desfigurado en muchas formas de piedad que, casi olvidando a Jesús, se fijan y se encasillan en una escultura concreta. Habrás oído quizá expresiones como que «este Cristo (o esta Virgen, o este santo) es muy milagroso y le puedes pedir lo que quieras…». Prescindiendo de lo que haya en el corazón de quien así habla (que nosotros no podemos conocer y que puede ser muy puro a pesar de su desacierto material) hay que proclamar que la materialidad de esas frases es pura superstición y pura idolatría que contribuye a hacer increíble la fe.

Si lees el Pentateuco desde estas claves, puedes ahora pasar también al resto de los libros históricos. Al leer la conquista de la tierra sorprenderá la dureza tranquila y justificada de la violencia: ya hemos visto que la guerra se había convertido en forma de vida y profesión casi habitual… Pero atención.

Aquí hay una deformación de ese dato, que parece decir: la guerra es justa para nosotros que somos los buenos («los elegidos de Dios») e injusta para los demás que son los malos o a quienes Dios no ama. En los salmos encontrarás frases increíbles en ese sentido. Y es importante notar cómo ese principio sigue aplicándose hoy en nuestra política que, incluso cuando se pretende religiosa, no pasa de ser «veterotestamentaria», pero nunca «evangélica»: EE. UU. (o Israel) tienen derecho invadir destruir y masacrar a los demás porque ellos son «los buenos», mientras que Putin o Palestina no tienen ese derecho, porque ellos son (desde nuestra óptica) «los malos»[8]. También Jesús chocará contra ese principio.

El estilo narrativo ha hecho que nuestra mentalidad occidental considere esos libros como históricos, aunque tienen poco de eso (el de Josué muy poco). La Biblia hebrea los califica como libros proféticos, lo que quiere decir que hemos de fijarnos en sus lecciones, en lugar de buscar informaciones sobre hechos reales. Por ejemplo:

---

[8]   Hitler no hizo más que secularizar ese principio pasándolo de la elección de Dios a la superioridad de la raza.

Una vez instalado el pueblo en la tierra, fijaos (en el libro de los Jueces) en la forma de gobierno «carismático», más cercano a lo que nosotros imaginamos como una democracia primitiva pero igualitaria. Pero eso solo es posible en un pueblo pequeño. La tentación humana es que preferimos ser un imperio no democrático (aunque hipócritamente lo califiquemos de democracia) antes que un pueblo pequeño pero libre. En este sentido, atención, en el libro de Samuel, a los capítulos que tratan del nacimiento de la monarquía. Mirad cómo el pueblo la reclama; el profeta Samuel se niega, avisándoles de las desigualdades que eso va a suponer; y, al final, Dios le dice: «déjalos porque no te rechazan a ti sino a mí». Dios acepta ese rechazo nuestro. Pero luego dirá alguna vez la Biblia que la forma que tiene Dios de castigar al hombre no es imponerle alguna pena, sino «dejarle hacer lo que quiere» …

Y ya en los libros de los Reyes (bastante aburridos, por cierto) fijaos en dos cosas extrañas. En primer lugar (y aunque se llaman libros históricos) cómo su autor prescinde de la historia: cada reinado termina con la frase: «lo que hizo el rey Fulano puede verse en las actas de su reinado». ¡Eso es lo que buscaría un historiador de hoy! Pero lo que buscaba el autor de esos libros es simplemente el detalle con que califica a cada rey: cumplió (o no cumplió) la voluntad de Dios. Veréis que de la inmensa mayoría de los reyes se dice: «hizo lo que el Señor reprueba». Y aquí cabe lo antes citado del comentario de Vázquez Montalbán.

Y aprovecho este detalle para llamar la atención sobre otra cosa. En general el autor de esos libros parece tener el siguiente esquema mental: como hizo lo que el Señor reprueba, Dios lo castigó siendo derrotado en esta y aquella guerra... Hasta que encontraréis un caso en que un rey que hizo siempre lo que el Señor quería, sale a una guerra y, en vez de ganarla, cae muerto y es derrotado. Aunque el autor no supo interpretar eso, os lo destaco porque constituye una crítica fundamental de toda seudorreligiosidad: *la mayoría de las gentes con alguna religiosidad siguen creyendo todavía hoy que todo lo que sucede nos viene inmediatamente enviado por Dios* (o por algún poder extraño). Ahí está la clásica pregunta de Pedro Almodóvar: ¿qué he hecho yo para *merecer* esto? Pero no se trata de merecer nada: la creación tiene su autonomía y Dios no interviene en ella. O solo interviene a través de nosotros, trabajando nuestros corazones. Como ya quiso decir el Génesis: el responsable de la historia es el hombre, no Dios. *Dios es el Norte o la Norma de la historia, pero no su actor responsable.* Pero no logramos conciliar esa libertad de la creación con la omnipotencia de Dios y recurrimos, o a negar esta, o a decir, como dice la Biblia en dos o tres ocasiones, que Dios «endureció el corazón» (del Faraón o de quien sea), para poderlo castigar. Con lo cual, ese tal castigado ¡no sería verdaderamente culpable![9]

---

[9] Esta incapacidad nuestra fue tan seria que durante siglos reapareció en el cristianismo en las famosas disputas sobre la «predestinación». Y hasta sigue presente de una manera no teísta cuando las gentes hablan del «destino», como una fuerza superior que lo mueve todo.

Se me ocurre para robustecer este argumento y vistos los días en que escribo, que podríamos decir a todos los andaluces, vallisoletanos y demás gentes que se han quedado sin procesión en esta semana santa: si llovió tanto en los días santos (cuando antes no había llovido nada) ¡es una clara señal de que Dios no quiere esas procesiones! Verás cómo entonces ya comienzan a poner en cuestión ese principio de que lo que sucede es porque lo envía Dios inmediatamente...

Pero dejemos la ironía y cerremos este capítulo. Ya dije antes que las Crónicas y demás libros históricos pueden saltarse en una primera lectura. Tras lo aclarado aquí, quizá pueden leerse después, pero de modo más rápido, porque contienen muchas repeticiones. Lo importante ahora es que los libros históricos nos llevan a otro capítulo fundamental y muy novedoso de la Biblia: los profetas.

2. Libros proféticos

2.1. Su novedad

Los profetas sí que son una de las grandes aportaciones originales del judaísmo a la historia humana. Y esto tiene una doble razón. Por un lado, todas las realizaciones humanas tienden a degenerar. La entropía no es una ley solo de la energía material, sino también de la comunidad humana. Y cuando nuestras conquistas degeneran, tendemos a justificarlas, así como están, porque también nosotros hemos degenerado con ellas. Si alguien critica entonces esa degeneración, lo desautorizamos tachándole de «poco amor a la Iglesia» o de «enemigo de la democracia» (como hacen muchos medios de comunicación cuando se les critica) o cosas similares.

Por otro lado, como he dicho otras veces, el Dios revelado en el judeocristianismo no es solo un Dios de la intimidad personal ni de la naturaleza, sino, sobre todo, un Dios *de la historia*: esta es su novedad y esto es lo más serio y difícil de la fe. Por eso resulta que quizá las mayores experiencias y expresiones místicas de esta Primera Alianza están precisamente en estos escritos proféticos y en las experiencias de amor y de solidaridad con el pobre y oprimido. Pido ahora al lector novato que busque él mismo algunas de esas expresiones en su lectura.

Estas dos razones (degeneración de lo histórico y presencia de Dios de la historia) pueden explicar la aparición, en la trayectoria del pueblo judío y en la Biblia, de una institución que produce todo ese género literario llamado profético, a veces con expresiones de una dureza llamativa, como que «la ciudad fiel se ha vuelto ramera». Conviene saber que lo de *pro-feta* no significa adivinador del futuro (como lo hemos degenerado nosotros), sino: que habla «en nombre de» Dios. Y así, cuando Israel atraviese una prosperidad económica fundada en la injusticia, aparecerá un pobre campesino del sur que clamará contra aquello en nombre de Dios, con frases muy conocidas entre nosotros (porque sirven también para nosotros): «venden al pobre por un par de sandalias», etc.

2.2. Cómo leerlos

Yo recomendaría leer en primer lugar, como prólogo a estos libros, el capítulo 16 de Ezequiel, una especie de parábola medio porno que describe toda la prostitución del pueblo y el deseo final de reconquistarlo y rehabilitarlo (que Ezequiel remachará después con la promesa de un corazón nuevo). Y que se repite de manera aún más dura en el capítulo 23, para dejar claro, con esa parábola de dos hermanas, que no ha sido infiel solo el Norte (Israel), sino también el Sur (Judá). Y que tiene el mérito de que su autor no es un laico sino un sacerdote, un hombre mismo de la institución (y bastante institucional, como se ve en todos los capítulos finales de su libro, que podéis saltar muy bien).

Ahí está casi todo el sentido de la profecía bíblica. Luego de eso podemos pasar a una lectura de cada profeta.

No es cosa de presentarlos aquí. Las introducciones de cada uno en *La Biblia de nuestro pueblo* me parecen muy buenas y suficientes. Lo que a mí me toca destacar es que hay como tres clases de textos proféticos: críticas (oráculos) contra Israel y Judá; además otros oráculos contra los imperios y los pueblos exteriores (Egipto, Babilonia, Edom, Asiria…), que están justificados porque cuando uno se ha criticado a sí mismo es cuando puede criticar a los demás. Pero que en una primera lectura de la Biblia pueden saltarse, porque ya no existen aquellos pueblos. A menos que uno quiera entretenerse retraduciéndolas a hoy como críticas a EE. UU., a Rusia o a China... Porque la historia parece repetirse y lo que son hoy esos presuntos imperios eran antaño Egipto, Babilonia, Siria y demás. Y a lo mejor a un presidente de EE. UU. no le vendría mal leer los oráculos contra el faraón, o a Putin lo de Nabucodonosor, etc. Pero he dicho que había tres clases de textos proféticos. Además de los dos citados, hay también críticas a los llamados «falsos profetas» que aparecen en seguida: falsos profetas que, en nombre de Dios, pretenden justificar las acciones contrarias a Dios de los monarcas. Ezequiel (13,2) les gritará: «¡ay de los profetas mentecatos que se inventan profecías!».

Y conviene subrayar este tercer dato porque hoy perdura entre nosotros de manera laica: el equivalente a la antigua «palabra de Dios» es hoy la palabra absoluta de las ciencias. Pues bien, en el campo de la economía, que es la ciencia que más toca a la vida, consta que ha habido economistas famosos que han cobrado de las grandes empresas capitalistas para que dijeran que unas determinadas medidas, injustas pero beneficiosas para esas empresas, eran las más «científicas». La famosa película reportaje *Inside Job* explicaba alguno de esos casos, aclarando que luego el protagonista se había negado a hablar con los autores de la película.

El último detalle de esta introducción es que los profetas de Israel no solo critican con dureza a su pueblo, sino que lo aman y procuran también consolarlo y animarlo después. Esta puede ser una buena señal de que hablan inspirados por Dios. Es bonito subrayar cómo el texto profético de Isaías, que comienza tan duramente («el asno conoce a su amo, pero mi pueblo no me conoce a mí»), dirá más adelante: «Consolad, consolad a mi pueblo: dice el Señor». O cómo Jeremías se entristece y casi se enfada con Dios cuando sus amenazas se han cumplido.

Finalmente, yo suelo recomendar a los lectores que acceden por primera vez que se subrayen alguna frase breve e incisiva de los profetas, fácil de recordar y de repetir. Algo que también vale para algunos de los libros sapienciales. Los otros profetas (llamados «menores») sobresalen en algunas frases preciosas e impactantes de este tipo.

3. Cánticos (no salmos)[10]

3.1. Clases de textos

Por aquella concepción mitificada de la Biblia como palabra de Dios, que rechazamos en la introducción, y por la otra mitificación de atribuirlos todos a David (como si el rey David pudiera cantar el exilio judío de cientos de

---

[10] Ya veréis que la numeración es doble, debido a una manera distinta de concluir el texto de alguno de esos cánticos. A partir del canto 9, hasta casi el final, la numeración hebrea es una cifra superior a la latina. Antes se usaba casi solo la numeración latina; ahora solemos usar la hebrea. Nadie se asuste por eso.

años después), hemos convertido el libro de los salmos en un libro de oraciones sin más matiz. Cuidado aquí. La palabra hebrea (*tehilim*) significa alabanzas y el verbo latino *psallere* significa cantar. Pero se puede cantar y alabar no solo a Dios, sino también (en parte al menos) a su creación. En cambio, para nosotros, la palabra «salmo» ha pasado a significar sin más «oración». Pero no porque en un poema aparezca la palabra Dios es ya sin más una oración. Hemos convertido así en oraciones algunos poemas que de ninguna manera lo son. Hay poemas a la boda del rey que cantan a «la princesa bellísima» y los hemos estado recitando como oraciones. Hay esta elegía preciosa que voy a copiaros:

«Junto a los canales de Babilonia nos sentábamos a llorar con nostalgia de Sion. En los sauces de sus orillas colgábamos nuestras cítaras. Allí los opresores nos invitaban a cantar, nuestros opresores a divertirles: "cantadnos un cántico de Sion". Pero ¿cómo cantar un canto de Israel en tierra extraña? Si me olvido de ti Jerusalén que se me paralice la mano derecha. Que se me pegue la lengua al paladar si no pongo a Jerusalén en la cumbre de mis alegrías. (...) Capital de Babilonia, criminal, ¿quién pudiera pagarte el daño que nos has hecho? ¿Quién pudiera agarrar tus niños y estrellarlos contra las piedras?».

Como poema es una preciosidad. La Biblia tiene a veces una fuerza expresiva impresionante. Un ejemplo de esa expresividad lo tenéis en los 4 capítulos de las llamadas *Lamentaciones*, atribuidas a Jeremías y que comenté otra vez en un artículo que podéis ver en el apéndice 1. Pero ese final del salmo citado (que en un poema elegíaco puede pasar como «licencia poética» para expresar el dolor), convertido en oración sería literalmente blasfemo. Y hoy hasta podría merecer una sanción por «incitación al odio».

3.2. Salmos orantes

Los que son verdaderas oraciones se han hecho tan famosos porque creo que recogen y expresan muy bien la experiencia del Dios bíblico. Recomendaría fijarse en estos afectos:

– *El anhelo de Dios* que se refleja en la imagen de la sed: «yo te busco, mi alma tiene sed de ti, como tierra reseca, agostada sin agua».

– La *gratuidad* de ese amor de Dios. Dios no necesita nada nuestro, es el dueño de todo y, como dice un salmo: «si tuviera sed no necesita pedirnos a nosotros».

– *Petición de ayuda* a Dios en los momentos de angustia, como hace el célebre grito de Jesús en la cruz: «Dios mío, por qué me has desamparado» (que es una frase del salmo 22).

– La identidad de ese *Dios como «justo y defensor del pobre».* Y el pecado humano como «protección del injusto». Los atributos veterotestamentarios más típicos de Dios son la repetida expresión: «justicia y derecho». Una cualidad interior y su exteriorización social. A lo que se añade la sabiduría, que veremos ahora mismo.

– Y de ahí la tremenda y repetida *denuncia contra todos los ricos* y malvados que viven acechando al pobre y al indefenso para aprovecharse de él: «los malvados siempre seguros acumulan riquezas» (73,12). Este aparente triunfo de los malvados es tan serio y parece tan fácil que algunos salmos invitan a rezar, pidiendo que no caigamos en la tentación de vivir como ellos[11]. Así los salmos expresan junto a la experiencia profunda de la presencia personal de Dios, la de su ausencia, frecuente en nuestra sociedad. Esto, más lo dicho antes de los profetas, podrá suscitaros la pregunta de cómo el señor Trump anda vendiendo biblias como propaganda electoral. La respuesta puede que sea la misma de muchos fundamentalismos americanos: porque no la ha leído; conoce solo algunas frases sueltas y sacadas de contexto, y la usa como un símbolo antiguo hoy ya caduco. Si conociera la Biblia entera ya la habría condenado como comunista[12].

---

[11] Esa tentación es tan seria que una vez la formulé retorciendo la frase de un salmo: «apártate del mal, obra el bien y siempre tendrás una casa», por esta otra: «apártate del mal, obra el bien y nunca tendrás una casa». Que parece una descripción bastante exacta de nuestro mundo capitalista.

[12] Recomendaría aquí una entrevista con el escritor francés Emmanuel Carrère («Cuestión de fe»: *Vida Nueva* 2998 [2016], 49) en la que decía que es incomprensible cómo lo más revolucionario y radical que ha ocurrido en la historia humana se ha convertido muchas veces en fundamento de lo más conservador. Aparte del pecado de los cristianos, la respuesta más genérica está en la enorme capacidad que tenemos los humanos para falsificar lo más grande: falsificamos la libertad, falsificamos el amor, falsificamos la felicidad… (y no es raro si acabamos falsificando a Dios).

Luego, hay una colección de salmos (¿oraciones? No siempre) que meditan sobre la historia de Israel para fortificar la fe confiada del pueblo. En ellos es donde podéis encontrar expresiones como esta: «mató al rey de Basán, porque es eterna su misericordia», que visibilizan lo caduco de la Primera Alianza. Con Jesús aprenderemos para siempre que la misericordia de Dios también afecta a ese rey y a todos los enemigos del creyente. Eso, que formará parte de la hostilidad desatada por Jesús, es fundamental en la Nueva Alianza.

Hecha esta introducción yo recomiendo leerlos fijándose en las cuatro notas antes descritas, señalando los salmos donde las encontréis como posible materia de oración propia. Y como el estilo de la poesía hebrea es de mucha repetición (quizá de ahí viene nuestra palabra salmodia), señalarse en cada lectura alguna frase, para repetirla una vez acabado el salmo. Esto creo que es lo que quiso hacer la Iglesia con lo que (en el rezo «oficial» de los salmos) se llama antífona y que se repite al principio y al final de cada salmo.

3.3. Un canto de amor

Metidos en poesía, debo decir una palabra sobre el Cantar de los cantares. Mala traducción de una expresión que significa «cantar supremo», porque el hebreo no tiene superlativos y los construye con esos genitivos (señor de los señores, etc.).

Por un lado, son unos poemas amorosos de gran intensidad. Los lingüistas descubren en el original algunas expresiones mucho más explícitamente físicas o sexuales de lo que posibilitan nuestras traducciones (aunque ya percibimos algo en la alusión no solo a la belleza de tus mejillas, sino a «tus pechos como dos crías mellizas de gacela»: 4,5). Pero esa intensidad contrasta con la mínima extensión que ocupa este librillo en toda la gran «biblioteca» que llamamos Biblia. Así se sugiere que la sexualidad puede (y debería tener) una gran importancia en nuestras vidas. Pero esa importancia ha de concebirse como una fuerza para el resto de la vida y no como una sexualización de toda la vida. Exactamente al revés de lo que hace la cultura moderna, que lo ha sexualizado todo, pero abaratando increíblemente el sexo, de manera que no satisface nunca. Queriendo o sin querer, la expresión castellana «un polvo» ha venido a incidir en lo mismo: porque puedes encontrar polvo en todas partes, pero nunca será como algo que tenga algún valor, a menos que lo queramos para echárselo en los ojos a nuestro enemigo...

4. Libros sapienciales

En primer lugar, conviene aclarar que, aunque la palabra es la misma, el significado de «sabiduría» no es el mismo en la Biblia que entre nosotros. Para nosotros, sabiduría alude más bien a acumulación de conocimientos y de erudición. En los libros de la Primera Alianza, sabiduría viene a significar algo así como haber aprendido las lecciones de la vida: *saber vivir y saber ser persona*. En algunos lugares pobres de América Latina, me tropecé con algunas mujeres que me hicieron pensar: ¡qué sabia es esta mujer! Y no tenían ningún título académico…

En segundo lugar, como recordaréis, se puede decir que los atributos más típicos de Dios en todo eso que nosotros llamamos Antiguo Testamento son estos dos: justicia y sabiduría. Y ambos acaban coincidiendo, porque son una manera de describir el recto orden de las cosas. Como veremos luego, la Nueva Alianza preferirá definir a Dios como «amor gratuito». En otros lugares creo haber mostrado que, aunque lo sapiencial parece mirar a uno mismo y lo profético a los demás (sobre todo a pobres, enfermos y oprimidos), al final ambos acaban coincidiendo[13]: el altruismo auténtico acaba siendo el mejor egoísmo. Si la lectura de la Biblia dejase solo un atisbo de esto, ya sería un gran triunfo.

Hecha esta introducción, voy a seguir este orden en su presentación: primero hay como dos refraneros: los llamados Proverbios y Eclesiástico[14] –o Ben Sira–. Luego dos tratados de pesimismo: el llamado Qohelet y el libro de Job. Y finalmente el llamado «Libro de la Sabiduría», que es el más tardío de toda la Primera Alianza, casi contemporáneo de Jesús. Vamos a presentarlos en un momento.

---

[13] Ver los dos cuadernos de Cristianisme i Justícia: J. I. GONZÁLEZ FAUS, *El silencio y el grito. El budismo y los profetas de Israel* (cuaderno n. 208, abril de 2018); ÍD., *Sabiduría divina. Los pobres en los libros sapienciales de la Biblia* (cuaderno n. 227, abril de 2022).

[14] Parece que se llama así porque fue muy leído en la iglesia antigua. El título de Ben Sira tampoco es completo: propiamente se titulaba: «La sabiduría de Jesús Ben Sira».

a) Soy bastante aficionado a los refranes; sentencias contundentes, cargadas de experiencia, pero inevitablemente parciales, porque la experiencia humana intensa no puede abarcarlo todo de golpe. Así, resulta que hay refranes que parecen contradictorios, pero se complementan. «No por mucho madrugar amanece más temprano». Gran verdad, pero, sin embargo, resulta que «a quien madruga Dios le ayuda». Gran verdad también. Y también hallaréis contraposiciones de esas en el refranero bíblico. La que más me gusta citar es aquella de «no le contestes al necio porque se creerá que le das importancia». Y pocos versículos después: «Contéstale al necio porque, si no, no parará de darte la lata». Cuánta verdad es que la vida es así de contradictoria y que la sabiduría consiste en acertar con el aspecto que pide cada momento y cada situación, sin enterrar por eso el otro. Podéis pararos un momento a reflexionar cuán importante es eso, sobre todo para nuestra vida afectiva.

b) El llamado Qohelet (o Eclesiastés) es un libro tan pesimista que a algunos hasta les sorprende que esté en la Biblia y sea llamado palabra de Dios. Aparte de las descripciones que va haciendo el autor, veréis que casi todo el libro se reduce a dos frases: «correr tras el viento para atraparlo» y la otra que abre el libro y es superconocida: «vanidad de vanidades y todo vanidad». Que además suena muy bonito en hebreo: *habel habalim ue kol habel*.

Creo que este pequeño libro, tan extraño como encantador, debe leerse hoy como una continuación o comentario al famoso párrafo de Nietzsche sobre la muerte de Dios que encontraréis en el segundo apéndice. Hemos matado a Dios, dice Nietzsche. La gran tentación para el hombre será ponerse él en el lugar de Dios y creerse omnipotente[15]. Y el mismo gran texto de Nietzsche ya insinúa cómo la insoportabilidad del sinsentido allí descrito nos puede llevar a considerarlo una gran hazaña y a convertirnos nosotros en dioses. Pero, como no lo somos, acabará resultando que no hacemos más que «correr tras el viento» y que todo se convierte en vanidad. En contraste con eso, este libro bíblico sitúa al hombre en su sitio: como creatura de Dios; y así lo invita a frenar sus pretensiones de absoluto y limitarse a los goces pequeños y sencillos de la vida.

c) El libro de Job es en realidad un drama de teatro al que, según creen muchos, se le añadieron las narraciones inicial y final para que no resultara escandaloso. Y su escándalo está en que no da respuesta al problema del mal. Lo más que hace es recolocar de otro modo la pregunta, remitiendo al ser humano a su pequeñez y recordándole que su mal no es el único ni el mayor y que existen otras muchas gentes destrozadas por otras catástrofes no naturales, sino fruto de la injustica humana.

---

[15] Esa tentación, como ya insinuaba el Génesis, es intrínseca al hombre por su carácter de «imagen y semejanza» de Dios. Pero cuando Dios es solo un factor cultural, actúa como «freno de mano»: pues el hombre intuye que su absolutez no puede realizarla él: habrá de recibirla de Dios (a menos que seamos «una pasión inútil» como decía lúcidamente Sartre). En cambio, la muerte cultural de Dios deja al hombre expuesto a esa pendiente que, creyendo subir hacia arriba, resbala inconscientemente hacia abajo.

Aunque no recomiendo ahora su lectura, porque estamos leyendo solo la Biblia, es bueno saber que existe un breve comentario a Job de Gustavo Gutiérrez (uno de los padres de la teología de la liberación), que se titula *Hablar de Dios desde el sufrimiento del inocente*. Y que Gustavo acusa a la teología del primer mundo de ser la teología «de los amigos de Job», los cuales, aunque van a verlo para consolarlo, prefieren luego culpar a Job de sus sufrimientos, antes que dejarse sacudir y cuestionar por ellos. Algo que, de manera laica, se repite hoy en eso que llaman la teología del capitalismo, con esa tesis fundamental de que «los pobres lo son por su culpa»: porque no han sabido obedecer a la sabiduría del dios mercado. Remito, si queréis más introducción a este libro, a otro artículo mío que ha de aparecer en la revista *El Ciervo* y que copio en el tercer apéndice de este libro.

d) Finalmente el libro de la Sabiduría (en una primera lectura limitaos a los diez capítulos iniciales).

Es de autor anónimo también, escrito quizás en Alejandría y pocos decenios antes de la aparición de Jesús. Se le ha llamado el primer tratado de «teología política»: ya su primera parte se dirige a los gobernantes. Y es curioso que la frase más clásica de un libro que lleva como título lo de sabiduría, sea esta otra: «*la justicia* es inmortal». Así llegamos a esa identidad antes anunciada entre lo sapiencial y lo profético. Es además un libro de lectura cómoda, que se puede leer por gusto y no por obligación, al menos en esos primeros diez capítulos recomendados en la primera vuelta. Los otros capítulos de juicios históricos pueden esperar a una segunda lectura[16].

---

[16] Aunque sea en una nota añadamos que también hay en la Antigua Alianza unas pequeñas narraciones noveladas, cuyo interés puede estar en la aparición de mujeres protagonistas. Con estos rasgos: la fidelidad (Rut), humilde poder intercesor (Ester) y el uso de su poder seductor para beneficio del pueblo (Judit). Las dos primeras pueden tener un paralelo superior en dos mujeres del dramaturgo Sófocles (Antígona y Electra). En cambio, la tercera tiene su paralelo en Helena cuyo poder seductor, en vez de salvar a un pueblo destruye a dos: la famosa guerra de Troya.

Balance de la primera alianza

1. Balance valoral

En una primera lectura es difícil caer en la cuenta de que la Antigua Alianza tiene dos grandes méritos: uno religioso y otro humano.

El primero es la *afirmación del monoteísmo*: todas las religiones primitivas, de Grecia y Roma, pero también de Babilonia, Egipto y demás, fueron politeístas; y aquellos dioses tenían su jerarquía, sus aptitudes (para la lluvia, para el parto, para las guerras...) y también sus dimes y diretes.

El segundo es la *supresión de los sacrificios humanos*. Los historiadores sostienen hoy que sacrificios humanos los hubo prácticamente en todo el mundo primitivo: desde Japón a Suecia y México, pero también en todo el entorno del pueblo judío. Parece como si, al sentirse el hombre impotente e indefenso ante un desconocido poder superior, intentara ganárselo ofreciéndole lo mejor que tiene. Esa práctica fue imitada también por el antiguo Israel, y los libros vistos dan varios testimonios de eso, con quejas y acusaciones de los salmos y de los profetas[1]. Hasta que Jeremías (7,31) pone en labios

---

[1] Por ejemplo: Salmo 106,37; Ezequiel 20,26.31; 23,38.39; Isaías 56.5...

de Yahvé estas palabras: «nunca mandé eso yo ni se me pasó por la cabeza».

Y notemos que, según muchos comentaristas, esta es la clave hermenéutica del episodio llamado «sacrificio de Abrahán»: no que Dios le pidiera a Abrahán sacrificar a su hijo, pues Dios no puede mandar cosas inmorales (y una cosa no es buena o mala porque la mande o prohíba Dios, sino al revés: Dios la manda o la prohíbe por ser buena o mala). En ese contexto, este episodio al que aludo ahora es una manera humana y pedagógica de explicar a la gente: ya sabemos que esos sacrificios los hacéis con buena voluntad y sin maldad, pero Dios no los quiere[2].

2. Balance histórico

Desde un punto de vista meramente histórico, podemos resumir así lo visto: lo que llamamos Antiguo Testamento es la *historia de una promesa que suscita esperanza y de una pedagogía de crecimiento humano desde Dios*. Es, además, como ya dijimos, la historia de *una infidelidad humana y una fidelidad de Dios*.

Los libros de la Nueva Alianza (a los que ahora pasaremos) aparecerán por eso en un clima de expectativa.

---

[2] Al revés de lo que hacían los conquistadores españoles que usaban los sacrificios humanos de los mayas como una razón para combatirlos y acabar con ellos. A lo que Bartolomé de las Casas respondía: también los conquistadores cometen sacrificios humanos, pero no al Dios celestial, sino que sacrifican muchos indígenas al dios oro.

Una expectativa que será, a la vez, asumida, purificada y elevada o transformada.

Y dados los momentos que vivimos hoy (en esta primavera del 2024), quien quiera puede ver en el apéndice 3 otra especie de balance, en un artículo ya viejo de valoración de Israel (publicado el año 2009), y que puede sorprender mucho por su actualidad, quince años después.

3. Una palabra crítica

Hay en la Antigua Alianza un elemento negativo, que quedará superado en la Nueva Alianza (en teoría, aunque, por desgracia, menos veces en la práctica). Es una especie de sentimiento de superioridad, con un desprecio inconsciente de «los de fuera» y una percepción de Dios como propiedad privada del pueblo que de «elegido» de Dios se convierte, poco a poco, en «propietario» de Dios. Lo que Jeremías había denunciado como «el orgullo desmedido de Jerusalén».

Mucho cuidado con este peligro, sobre todo si sois cristianos quienes leéis estas páginas. Porque una de las cosas que convirtieron «delincuente» a Jesús de Nazaret fue decir que vendrán muchos de fuera y se sentarán a la mesa con Abrahán, Isaac y Jacob.

II

Nuevo Testamento: del Dios justicia y sabiduría al Dios amor

Mi consejo es leer primero lo narrativo y luego lo doctrinal.

1. Evangelios

Es obvio que hay que comenzar por aquí. Pero los evangelios no son meras biografías ni vidas de Jesús. Como reconocen sus mismos autores, «fueron escritos para que creáis» (Jn 20,30). Y ese «creáis» implicaba un cambio muy serio en toda la conducta del lector, pero también «que tengáis vida en vosotros».

La misma palabra «evangelio» (que significa buena noticia) ya alude a algo más que el mero interés biográfico. No faltarán autores que lean la frase antes citada como si dijera que los evangelios «están escritos para engañaros». Pero no se ve qué interés podría haber en aquel engaño. Y para engañar hubiese sido más fácil contar unas historias menos conflictivas y menos exigentes. El hecho, reconocido hoy por todos, es que «no es posible escribir una vida de Jesús» (Harnack). Sí que es muy posible trazar como uno o varios perfiles de su persona que resultan complementarios e interpeladores. Y eso nos debe bastar. Los evangelistas solo nos hablan de la llamada actividad pública de Jesús. Varios escritos posteriores (llamados apócrifos) se interesaron fantasiosamente en la vida e infancia de Jesús. También Mateo y Lucas traen unas narraciones de infancia cuya historicidad es discutida, pero que dibujan una especie de marco para leer lo que va a seguir. Con las actitudes siguientes:

– la *actitud confiada* de José sobre la inocencia de María, a pesar de pruebas que parecen evidentes;

– el *nacimiento miserable* de Jesús en contraste con todas las historias de nacimiento de otros grandes maestros (Buda incluido);

– su primera *manifestación a los más despreciables* y a los de fuera[1];

– su *circuncisión* como verdadero judío;

– la inmediata *persecución* que le obliga a huir[2];

---

[1] Los pastores eran despreciados como ladrones, porque, en época donde los catastros y registros de propiedad eran muy imprecisos, se supone que trasladaban las piedras y mojones que marcaban los límites de los terrenos. En cuanto a los magos, fijaos en que los evangelios nunca dicen que fueran «reyes»: eran paganos y además con una profesión excomulgada en Israel por cercana a la idolatría: la magia. Y esas gentes son las primeras a las que el Altísimo comunica el nacimiento de su Hijo…

[2] Y que Mateo aprovecha para insinuar un paralelismo con el pueblo judío que también comenzó su andadura saliendo de Egipto.

– la *dificultad de comprensión* incluso para su misma madre que, por eso, guarda todas las cosas y les da vueltas en su corazón[3];

– y finalmente, entrando ya en la vida pública, las *tentaciones* típicas de Jesús en lo que toca a su misión. Ese es el personaje cuya acción pública vamos a leer. Y hay que leerla desde una óptica que busque no una biografía, sino *cuatro figuras de Jesús que se complementan*. Como si los evangelistas hubieran «cocinado» el material que tenían para darnos unos determinados sabores que se enriquecen: el Jesús de la libertad escandalosa (Marcos), el Jesús de la misericordia increíble (Lucas), el Jesús que unifica toda la historia cumpliendo las esperanzas antiguas (Mateo) y, como resultado de esas tres visiones, el Jesús presencia inmediata de Dios (Juan).

Además de eso hay que fijarse en la conflictividad que va desatando Jesús porque ese es un trazo común a todos los evangelistas: la verdadera libertad resulta conflictiva y fracasa, la verdadera misericordia resulta molesta y es quitada de en medio, la recuperación e integración de la historia fracasa. Y en esos conflictos y fracasos se revela el Dios bíblico como un «Dios crucificado»: ¡menudo absurdo!

Pero esa cruz es la que da solidez a todo este mundo nuestro. Ya un antiguo canto litúrgico decía: «mientras el mundo da vueltas, la cruz permanece segura» (*stat*

---

[3] Remito como explicación de esto al capítulo «Lo de mi Padre» (Lc 2,49) del libro *¿Pasión inútil o pasión esperanzada?*, Sal Terrae, Santander 2024², 17-20.

crux dum volvitur orbis, por si alguno de vosotros sabe latín). Por eso, como he dicho otras veces, si comparas la primera pasión (Marcos) con la última, de Juan, verás que aquella resulta una pasión de derrota y esta otra una pasión que es victoria[4].

Fijaos al leer los evangelios en otro rasgo que no es fácil percibir en una primera lectura. Si fueseis contando cuales son las actitudes que más se atribuyen a Jesús en las narraciones evangélicas, saldría este resultado: por un lado «*se le conmovieron las entrañas*» y, por el otro, «*se admiraban de la libertad con que hablaba*»[5]. Id prestando atención a eso mientras leáis.

Otra cosa. Sabréis que hay mil discusiones sobre la historicidad de cada pasaje y cada frase evangélica. Llevamos más de dos siglos en este trabajo con pequeños pasos adelante y grandes oscilaciones, a veces curiosas. Pongo un ejemplo: en los comienzos se rechazaban como no históricos algunos episodios más maravillosos (supongamos la multiplicación de los panes). Varios años después, cuando la crítica había elaborado unos «criterios de historicidad», resultó que,

---

[4] Me permito remitir para eso a la breve comparación entre ambas, hecha en *La Humanidad Nueva. Ensayo de Cristología, op. cit.*, 155-157.

[5] Libertad que muchas traducciones sustituyen por autoridad. En griego, la palabra ἐξουσία (*eksousía*) significa tanto libertad como autoridad. Pero con autoridad también hablaban los escribas y fariseos y los sumos sacerdotes. Parece pues lógico que lo que cause admiración sea más bien aquello que distingue el lenguaje de Jesús del de esas autoridades judías: la libertad con que habla.

aplicando esos criterios, alguno de esos pasajes más sospechosos (como el que acabo de citar) resultaban con muchas garantías de historicidad. Otra cosa será cómo hay que entender esa «multiplicación». Pero he citado esto para destacar dos rasgos que suelen considerarse como de historicidad más garantizada: el primero son esos pequeños resúmenes, repetidos varias veces, que vienen a decir que la gente se agrupaba entorno a él y que Jesús curaba y expulsaba demonios. El segundo son las afirmaciones, también repetidas, de que Jesús se retiraba a orar.

Otro detalle curioso es la progresión con que Jesús califica a los apóstoles: primero son llamados *seguidores* («venid en pos de mí»), luego *discípulos y enviados* («no es el discípulo mayor que su maestro»; y «os envío como ovejas entre lobos»), luego *amigos* («ya no os llamaré siervos sino amigos»), y después, tras la Resurrección, precisamente cuando Jesús ha sido reconocido como «Señor mío y Dios mío», entonces los llama *hermanos* («ve y di a mis hermanos...»). Serán casualidades, pero no dejan de ser significativas.

Y lo más importante para el final: sabréis que los cristianos decimos que Jesús es el revelador de Dios. Sin embargo, no encontraréis en los evangelios que Jesús dé clases de teología o lecciones teóricas sobre Dios. Como dicen en América Latina, Jesús lo reveló «practicando a Dios»: llamándole con un apelativo que todos los judíos consideraban irrespetuoso (*Abbá*), diciéndonos que «quien me ve a mí ve al Padre» y que también nosotros podíamos llamar así a Dios; y prometiéndonos «el Espíritu de Dios» para que pudiéramos comportarnos como él pedía.

Así es como aparece, tanto en los evangelios como en el resto del Nuevo Testamento, lo que llamamos la Santísima Trinidad. No por alguna lección teórica en la que Jesús dijera algo así como: no os extrañéis, pero allá arriba somos tres. Sino desde una vida espiritual que luego necesitó expresarse, y a la Iglesia le costó siglos perfilar bien esa expresión para no caer en un politeísmo o quitarle valor. Lo que hoy significa eso para nosotros es que el Misterio infinito y sobrecogedor no es una Soledad absoluta sino una Comunión absoluta. La Trinidad es la mejor expresión de que Dios no solo «tiene» amor, sino que *es* amor. Y os cito un resumen de Ricardo de San Víctor (siglo XII), en un libro sobre la Trinidad, que expresa eso muy bien desde nuestra insuficiencia humana:

«El amor implica necesariamente un impulso hacia otro. Por tanto: donde no hay *pluralidad de personas* no puede haber amor…

El amor para ser gozoso tiene que ser mutuo. No puede haber bondad plena donde no hay amor perfecto. Y no puede haber amor perfecto si no hay pluralidad de *personas iguales*. Por tanto, para que pueda haber amor en Dios es preciso que haya otra persona que, por ser divina, sea digna de ese amor…

La plena dulzura del amor solo se da cuando los dos tienen un tercero a quien amar de manera que ese amor a *un tercero los une todavía más*…

Ese tercero amado hace que en la Trinidad de Dios no haya nada individual: es el gran misterio incomprensible de que la unidad no decrezca por la pluralidad ni la pluralidad supere a la unidad...»[6].

Ojalá todas estas reflexiones os sirvan como instrumentos para abordar bien el material evangélico. No se trata ahora de comentar pasajes concretos, sino, por así decir, de las lentes aptas para leerlos. Si ahora queréis quedaros con el contenido de esa «buena noticia» cristiana, lo tenéis resumido en estas palabras que el cuarto evangelio pone en boca de Jesús: Dios ama tanto a este mundo que le envió a su Hijo, no para condenar al mundo sino para salvarlo. El objeto del amor de Dios es este mundo, no la Iglesia. La Iglesia existe para manifestar y anunciar ese amor de Dios al mundo; no para ensalzarse a sí misma. En el apéndice 5 tenéis esto un poco más ampliado.

Y aunque he propuesto leer a cada evangelista por separado, puede que en algún momento sea útil detenerse para mirar a ver cómo cuenta eso mismo alguno de los otros evangelistas. Lo cual es bien fácil, porque todas las biblias suelen poner, en el margen de cada pasaje, la referencia a los otros autores que lo cuentan.

2. Hechos de los apóstoles

Si os fijáis, veréis que, más que de los apóstoles, este libro habla casi solo de Pedro (en la primera mitad) y

---

[6] Remito también al capítulo 6 («Genialidad de la Trinidad») del libro *¿Pasión inútil o pasión esperanzada?*, *op. cit.*, 49-52.

de Pablo (en la segunda, aproximadamente). Esto puede ser debido a las posibilidades que tuvo Lucas, su redactor, pero podría tener un significado eclesiológico importante. Pedro y Pablo parecen representar dos polos no opuestos, pero sí conflictivos, en la Iglesia, que solemos calificar como *institución y carisma*. Toda institución (y más si sobrepasa los mil millones de miembros) necesita, por un lado, orden, autoridad, leyes. Sin eso se diluiría y acabaría desapareciendo. Pero necesita también carisma, libertad, novedad (profecía, veíamos en la Primera Alianza). Sin eso se anquilosaría.

Hay aquí una primera lección importante: los apóstoles, que después del contacto con Jesús ya creerían tenerlo todo a mano, se debieron sentir sorprendidos por la aparición de aquel *«outsider»* cuya conversión y llamada encontraréis narrada por tres veces en este libro. Puede ser una manera de sugerir que el Espíritu Santo (que Jesús había prometido) nos supera y nos desbordará muchas veces.

Luego de eso, mirad de ordenar vuestra lectura desde este trípode: el *fuego* del Evangelio prende fuerte y bien pronto. Pero esa llama suscita enseguida *persecución* desde fuera y *conflictos* internos. En el capítulo 2 veréis cómo prende esa llama, prescindiendo ahora de si las cifras que da Lucas son exactas. Y una razón decisiva para que se propague ese fuego es el ejemplo mismo de los convertidos en lo que se ha llamado «comunismo de los primeros cristianos»: todas las cosas están puestas en común y no hay pobres entre ellos; pero no por imposición de ningún poder dictatorial, sino por la voluntad misma de los cristianos. Ese es el verdadero comunismo y este es un punto sobre el que deberíais reflexionar muy en serio.

Pese a eso, ya en el capítulo 4 comienzan las primeras persecuciones. Y poco después los primeros conflictos internos, en parte vinculados al carisma de Pablo y a que a muchos judíos convertidos les cuesta bastante renunciar a rasgos ya superados de su judaísmo. Por eso, casi toda la obsesión de este libro está en el paso de la Iglesia primera de judía a universal (católica). Algunos conflictos pudieron ser más intensos de lo que cuenta Lucas, que siempre tiende a suaviza e integrar las cosas. Más adelante podríais buscar, en algún episodio que cuentan tanto este libro como alguna carta de Pablo, cómo la versión paulina es más fuerte que la narrada por Lucas.

Sugiero también fijarse en otro detalle importante que puede pasar desapercibido: como es natural, la Iglesia, al irse propagando, necesita nuevos responsables, que los apóstoles van instituyendo en cada lugar donde han creado una comunidad, antes de marchar a otro sitio. Pues bien, fijaos en los nombres que se dan a esos nuevos responsables: nunca encontraréis el de sacerdotes, sino otros (como supervisores, presbíteros, ministros, los que cuidan de vosotros...)[7]. Solo en el s. III

---

[7] Aprovecho para informar que la palabra obispo (tan vestida de «Excelencia» hoy entre nosotros) significa en realidad «super-visor» (*epi-scopus*): veréis que, en la carta a los de Filipos, Pablo se dirige a los obispos (en plural); no significaba, por tanto, lo mismo que hoy, porque entonces tendría que haber ido en

comienzan a llamarse «sacerdotes», cuando la Iglesia, al organizarse más ampliamente, echó mano de algunos lenguajes y esquemas de la Antigua Alianza. Todo esto quiere decir que en la Iglesia de Cristo sacerdote no hay más uno: ese Jesús que participa plenamente de lo humano y de lo divino. La Carta a los Hebreos, de la que os hablaré después, da un fundamento teológico a este lenguaje. Y la Iglesia católica de hoy debería volver aquí al ejemplo de la Nueva Alianza, porque el término «sacerdotes», tan sagrado, ha contribuido a sacralizar a pobres personas (como este que os escribe), ha estado a veces en el origen de muchos abusos de los ministros de la Iglesia y ha creado eso que Francisco ha denunciado varias veces como un pecado serio de la Iglesia: el clericalismo. A las mujeres que hoy reclaman el ministerio eclesial de la mujer, hay que preguntarles primero si quieren ser sacerdotisas o quieren ser servidoras. En el primer caso, ya pueden retirarse. En el segundo, sería más fácil dar ese paso que yo considero razonable y posible en la Iglesia: precisamente porque la mujer es más capaz que el varón de comprender que la única verdadera dignidad cristiana es la del servicio.

Finalmente, y en letra más pequeña para que pueda saltarse, un pequeño detalle de información para que se vea un poco cómo trabaja y con qué problemas se encuentra a veces la ciencia histórica. Como veréis,

---

singular. Y la palabra ministro (con otra «Excelencia», laica más que religiosa) significa simplemente «servidor» (*ministrare* en latín significa servir). No va mal fijarse a veces en cómo deformamos las cosas los humanos.

este libro termina con la llegada de Pablo a Roma. A muchos estudiosos les ha llamado la atención que Lucas termine aquí su libro y no narre la muerte de Pablo, que tuvo lugar muy poco después. Y aquí surgen las preguntas: ¿es que Lucas murió en ese interregno? Pero entonces este libro de los Hechos tendría que haber sido escrito a comienzos de los años 60 del siglo I, cuando muchos otros datos obligan a situarlo con seguridad a partir de la década de los 80. Este problema no tiene solución, como tantos otros de la crítica histórica. Puestos a buscar, alguien sugirió la hipótesis de que Lucas no cuenta esa muerte de Pablo porque quienes la causaron no fueron los romanos, sino los mismos judíos convertidos, que no podían ver a Pablo por su radicalismo. Más adelante veremos cómo la Iglesia cristiana de Roma, a la que Pablo escribirá su carta más famosa, atravesaba una situación conflictiva entre los cristianos venidos del paganismo y los venidos del judaísmo.

Bien, esta nota final es una advertencia simplemente curiosa de hasta dónde puede (o tiene que) imaginar la ciencia buscando hipótesis, más que verdades (aunque algunas veces acaben convirtiéndose en verdades). Y, también, hasta dónde podría llegar el fanatismo religioso cuando identifica totalmente a Dios con la manera como yo concibo a Dios.

3. Cartas

Quien, como me ocurrió a mí de joven, va leyendo estas cartas todas seguidas, quedará un poco decepcionado.

Encontrará algunos párrafos muy buenos, pero le resultará imposible sacar una visión de conjunto, y eso es ahora lo más importante. Ello es debido a lo antes dicho: tomamos estos textos como capítulos seguidos de un libro y no como libros distintos de una misma biblioteca. Voy, por eso, a sugerir un orden de lectura que me parece pedagógico.

3.1. Primera carta de Juan

Leed antes que nada la Primera carta de Juan. En ella, fijaos en estos detalles: al comienzo se anuncia en tono muy solemne que los autores han descubierto el sentido de la vida y quieren comunicarlo. Después, casi al final, encontraremos la definición «Dios es amor gratuito». La parte anterior había dicho «Dios es la luz», pero ahora esa parte queda asumida en esta otra: la verdad (la luz) de la vida es el amor.

Y bien, aquí aparece una palabra (ἀγάπη - *agápē*) que conviene traducir como hemos hecho: amor *gratuito*. Ha notado algún comentarista que esa palabra griega aparece muy poco en toda la literatura griega y aquí la encontráis repetida casi veinte veces en una misma página. Y, además, ese calificativo del amor (gratuito) tiene unas consecuencias bien extrañas: solo podemos amar a Dios amándonos entre nosotros, es decir, amando aquello que Dios ama. Y veréis que la carta casi termina con este mensaje: hay algo que puede vencer a este mundo, y es nuestra fe en ese amor que la carta ha expuesto: «esa es la victoria que vence a este mundo».

Ahí tenéis la conclusión final a que ha llegado la experiencia de Jesucristo. Pero ahora vamos a completarla dando un salto atrás, hacia Pablo. Y así podremos decir que Dios es amor y *libertad* (o mejor, amor y liberación). Para eso echaremos mano de las dos cartas más típicamente paulinas: las dirigidas a los romanos y a los gálatas.

Antes de pasar a ellas, dejadme añadir otra observación que será útil para entender algo del lenguaje de esta carta de Juan que, pese a su insistencia en el amor, no deja de tachar a algunos cristianos como «anticristos». Las comunidades en torno al cuarto evangelista se caracterizan por un amor tan serio a Jesús, que parece que no haga falta nada más. No aparece en los escritos joánicos ni rastro de organización o autoridad: la única autoridad es la del discipulado. Y este carisma, aislado y absolutizado, fue llevando a algunos a «espiritualizar» a Jesús, como forma de engrandecerlo más, negando la verdad de su pasión y de su carne humana, porque así lo hacían (o creían hacerlo) más divino. Esa tentación religiosa que cree que Dios es más Dios cuanto más lo apartemos de lo humano. Y de ahí el grito que repite esta carta: es «anticristo» el que diga que Jesús no ha venido *en la carne*[8].

---

[8] Por si alguien lo ha leído, dejadme indicar que una imagen de Jesús como la rechazada aquí es la que aparece en el *Corán*, junto con un gran respeto y admiración a Jesús A la hora de la pasión Dios se marchó de él y no sufrió, etc., etc. Ello permite a algunos deducir que esos cristianos existían todavía en tiempos de Mahoma y fueron los que el Profeta conoció.

Luego de esto podéis dejar las otras cartas de Juan y pasar ya a Pablo en las dos cartas paulinas anunciadas.

3.2. Las Cartas a Romanos y Gálatas

El mensaje de la Carta a los Romanos (la última que, con toda seguridad, escribió Pablo) es bien sencillo: *Dios es la liberación de nuestro ego*. Veréis que Pablo comienza hablando de paganos y judíos, pero no se refiere simplemente a dos pueblos del pasado (como podríamos malentender nosotros), sino a dos dimensiones de nuestro ser humano: paganos y judíos son lo que nosotros llamaríamos buenos y malos, los inmorales y los morales.

Y el mensaje de Pablo viene a ser este: los dos son igual de pecadores. Unos se sirven del ego para pervertir el orden de las cosas, y otros defienden ese orden en beneficio de su ego. De modo que la moral no es más que una manera hipócrita de sentirnos superiores a los demás, de poder condenar a los otros, haciendo de Dios nuestra propiedad privada y nuestra arma contra los demás. Dudo que la crítica de Nietzsche a la moral sea más dura que esta[9].

Pablo anuncia eso en la primera parte de su carta para concluir que esta ha sido la obra de Cristo. En una segunda parte, explica cómo esa liberación se realiza en el cristiano y que ese es el significado del «baño» (= bautismo) cristiano: sumergirse en un mar que ahoga

---

[9]   Ese mensaje de Pablo me parece tan universal que me decidí a publicar una paráfrasis de toda esta carta, titulada *Carta a los humanos* (Sal Terrae, Santander 2020).

nuestro ego y nos permite salir liberados, viviendo de otra manera. Pero esa liberación no es total; es una dinámica, una fuerza, un proceso, una nueva «inculturación» que aún tendrá sus dificultades porque ha de irse realizando poco a poco. Pero para ese proceso contamos con la ayuda del Espíritu.

Luego sigue un paréntesis de tres capítulos (9-11) en el que Pablo se pregunta: «Y ¿qué queda entonces del judaísmo?», que puede pasarse deprisa en una primera lectura, sabiendo nada más esto: en algún sentido queda todo, porque los judíos son la fuente de ese proceso y «Dios no se arrepiente de sus promesas» (algo bastante similar a lo que antes dijimos sobre relaciones entre lo que llamamos «antiguo testamento» y «nuevo testamento»). Más importante es destacar que todo lo que sigue de esta carta (capítulos 12-15) es una reflexión sobre la comunidad, que empalma con el inicio: *cuando estamos liberados de nuestro ego, es cuando somos capaces de construir poco a poco comunidad.*

Eso que esta carta explica de manera más teórica, lo había dicho ya la Carta a los Gálatas, de manera polémica, contra algunos judíos mal conversos que andaban desautorizando su predicación como si fuera un enemigo de la moral[10]. Pablo viene a decir a los gálatas: os he

---

[10] En el libro *El rostro humano de Dios. De la revolución de Jesús a la divinidad de Jesús* (Sal Terrae, Santander 2015²) hay unos capítulos más analíticos dedicados a la carta de Juan y a la de los Gálatas («La revolución de la religión» y «La revolución de la moral») y otro («La revolución del culto») dedicado a analizar la Carta a los Hebreos, de la que hablaré más adelante.

enseñado a vivir según la libertad que da el amor, no queráis vivir ahora según los «méritos» que da la moral. Siempre que Pablo habla de «la Ley» se refiere a toda la moral, no solo a las leyes rituales de los judíos (como pretendieron algunos neogálatas). Vivir desde el amor o desde la obligación: es la disyuntiva que plantea la predicación paulina.

Y lo que hoy puede sorprendernos a nosotros es que esta segunda alternativa aparezca centrada en la circuncisión, que era, y sigue siendo, una señal de identidad para los judíos. A ver si lo explicamos: prescindiendo ahora de cuál fuera el origen (seguramente sanitario) de la circuncisión, el pueblo judío la tomó como una señal de su relación con Dios, porque era una forma de entregar algo de nuestro cuerpo que simbolizaba todo nuestro cuerpo. Y entregamos algo de nuestro cuerpo quedándonos a la vez enteros y sin perder ninguna fuerza corporal. Lo importante ya no es el gesto, sino su significado: *si queréis circuncidaros, dirá Pablo a los gálatas, aceptáis una relación con Dios que ya no es de libertad y amor, sino de contrato y obligación* (que parecen ofrecer una falsa seguridad). Pero en ese contrato estáis llamados a fracasar siempre. Y por eso Pablo repetirá a sus lectores: «Oh insensatos gálatas». Que yo creo que la Iglesia debería repetir algunas veces a algunos fieles conservadores y seudomoralistas: «Oh insensatos seudocristianos…».

Confrontad ahora este mensaje con experiencias propias de esas tan humanas, entre un amor que nos quita la libertad y una supuesta libertad que nos incapacita para amar... Y tened en cuenta que lo expuesto no es una meta en la que ya estamos, sino hacia la que caminamos. Por eso, muchas veces necesitaremos aún el recurso simbólico a la ley y la moral, como el niño que todavía necesita andadores porque aún no sabe caminar bien.

Amor y liberación: con eso estamos en el centro del mensaje de la Nueva Alianza y podemos pasar a otro grupo de cartas.

3.3. Efesios y Colosenses

Para sistematizar mejor, saltémonos de momento otras dos cartas (Corintios y Filipenses) que encontraréis antes en vuestras biblias, porque cronológicamente son anteriores a las que voy a comentar ahora. Pero estas otras ayudan a completar todo el cuerpo doctrinal anterior. Son dos cartas muy similares, casi como si una fuera copia de la otra. Se duda mucho que sean *directamente* de Pablo: parecen más bien de su escuela (se las llama deuteropaulinas)[11]. Pero esos detalles no nos importan ahora a nosotros. Lo importante es su enseñanza.

Y tratan de explicar que lo dicho antes sobre el amor y la liberación no vale solo para los cristianos. Puede valer para todo el mundo, porque el influjo de Cristo no llega exclusivamente a través de la predicación cristiana.

---

[11] Los lingüistas expertos aducen además una diferencia en la calidad del lenguaje que quienes, como yo, apenas chapurreamos un mal griego, solo la percibimos vagamente cuando nos han avisado antes...

Ambas cartas tienen una especie de himnos iniciales donde se nos viene a decir que el influjo de Cristo se extiende de hecho a todo el mundo: porque él es el «primogénito de todo lo creado» no solo de los cristianos (así Colosenses); y él «recapitula» (o incluye) a toda la creación (así Efesios).

Estas cartas tienen una primera parte cuyos capítulos proponen y desarrollan esta ampliación: la Iglesia será «cuerpo» de Cristo, pero Cristo es «cabeza» de todo el mundo (no solo de la Iglesia). Esta aparente contradicción es muy importante y ha dado origen a la afirmación de que puede haber gentes que, sin ser cristianos explícitos, sean «cristianos anónimos», una expresión que debe ser leída como una crítica a nosotros los cristianos de nombre. Pero que no siempre ha sido bien acogida porque, tomada en un sentido sociológico y no teológico, puede sonar a una especie de imperialismo tácito de los cristianos. Pero queda aún la posibilidad de hablar de «cristificados anónimos» en vez de cristianos anónimos.

Aclarado eso puede ser bueno salirnos un momento de la Biblia y declarar que en la primera Iglesia esa idea de la «recapitulación» de todo en Jesucristo está infinitamente más presente que hoy entre nosotros. El gran teólogo del s. II que fue Ireneo de Lyon hace girar prácticamente todo su pensamiento en torno a esa idea que luego fuimos perdiendo porque al reducir la Encarnación solo a que viniera alguien divino y por tanto capaz de dar a Dios satisfacción por nuestros pecados, se perdió de vista ese carácter recapitulador de todo. Si alguno de vosotros, lectores, sois cristianos puede ser bueno añadir que el Concilio Vaticano II, precisamente en su Constitución sobre la Iglesia en el mundo (*Gaudium et spes*), recuperó esa enseñanza con la frase de un autor del s. III: «por la Encarnación, Dios se unió de algún modo con todos los hombres» (no solo con Jesús).

3.4. Corinto y Filipos

Completado así lo anterior pasemos a las dos cartas (tres en realidad) que habían quedado pendientes. Corintios (dos cartas como veréis) y Filipenses son, de todo este capítulo, las que más parecen verdaderas cartas. Pablo tuvo una relación muy complicada con los corintios: le dieron varios disgustos y se enfadó con ellos con frecuencia. En cambio, la relación con los filipenses fue de facilidad y ternura. Así es la vida, también la de los santos. Dejadme añadir, por si ambienta mejor, que cierta mala fama de los corintios era general en todo el imperio, según parece. Así, en el lenguaje de argot, existía la palabra «corintiar» (que no estará en los diccionarios) y que significaba simplemente fornicar. Es la condición de todas las ciudades con puertos y, más aún[12] si hay puerto por ambos lados como en Corinto.

---

[12] Déjeseme añadir que una vez, regresando de Egipto, quise hacer una parada en Grecia «para ver a un amigo jesuita español que estaba allí». Esta fue la excusa oficial. Hoy debería acusarme de que, en realidad, lo que yo quería ver era el Partenón más que al amigo («con partenogénesis o sin partenogénesis» me decía yo entonces). El buen amigo me llevó en coche a ver Corinto y recuerdo que, al acercarnos me dijo: no vamos a ir por la nueva

Pero lo que ahora interesa al lector que se acerca por primera vez, es el hecho de que en ambas cartas se ha colado un texto doctrinal de gran importancia: en el capítulo 15 de la Primera carta los Corintios y en el capítulo 2 de la Carta a los Filipenses.

El de Corintios está dedicado a la Resurrección de Jesús. Además de que Pablo inserta allí el que algunos llaman «primer credo cristiano» (que no es suyo, sino anterior a él) y que es una enumeración del hecho y los testigos de la Resurrección de Jesús, es lógico que siga a eso una larga reflexión que anticipa algo de lo antes dicho sobre la universalidad de la Encarnación. En la Resurrección de Jesús «hemos resucitado todos», o está garantizada la resurrección de todos. Por eso la Resurrección de Jesús queda inserta en la historia y garantiza su final definitivo, convirtiendo a la historia humana en una llamada al progreso, que vaya desde lo material a lo espiritual y desde nuestra vetustez humana a nuestro nacimiento como «hombres nuevos». Son tareas o fuerzas que se nos imponen a todos, a pesar de los continuos falsos progresos o fracasos de nuestra historia, sobre los que queda pendiente una ulterior reflexión.

Ese capítulo sugiere así una serie de liberaciones progresivas que Dios culminará liberándonos de la muerte. Pero conviene advertir que esta no es la única

---

entrada moderna, sino por la vieja por donde entró san Pablo. Curiosamente, esa entrada por las mismas piedras que había pisado Pablo unos 20 siglos antes, fue una impresión que me marcó profundamente. Hasta hoy la recuerdo, en estas edades en que ya perdemos la memoria.

visión bíblica del fin de la historia. Los discursos (llamados apocalípticos) de Jesús en los capítulos finales de los evangelios, parecen vaticinar un final mucho más negativo. Ambas posibilidades están en manos de la libertad humana. El otro texto que aparece en Filipenses tampoco es paulino. Según los técnicos se trata de la traducción de un original arameo (el lenguaje de ese himno está cargado de arameísmos) y podría proceder de mediados de entre los años 30 y 40. Seguramente era un himno que se cantaba en las primeras liturgias cristianas y a Pablo le va muy bien poder citarlo aquí, puesto que sus lectores ya lo conocen, para hacer una recomendación a la humildad a aquellos filipenses, que parece eran conocidos en todo el imperio por su chulería.

Lo importante para el lector que se acerca por primera vez es la constatación de una divinidad del hombre Jesús, pero que no se manifiesta con forma de Dios (como si esta imagen fuera una propiedad o un botín irrenunciable), sino en una imagen de esclavo. De modo que, en el hombre Jesús, la divinidad se «anonada»[13], se vacía de sí misma, se «desdiviniza».

Es sorprendente pensar que esta fue una de las primeras impresiones que sacaron de Jesús algunos de los que habían casi convivido con él. Y constatar que, ya en las primeras décadas del cristianismo, se entendía así la divinidad de Jesús. Ello contradice lo que quizá oiréis

---

[13] De una palabra griega ($\kappa\acute{\varepsilon}\nu\omega\sigma\iota\varsigma$ - *kénōsis*) que significa anonadamiento y ha pasado a ser corriente en el lenguaje teológico actual.

alguna vez a pensadores poco lectores de la Biblia: que la divinidad de Jesús es una afirmación tardía de los siglos 4 y 5. Lo propio de esos siglos no es la afirmación de la divinidad de Jesús, sino *el lenguaje metafísico* (de subsistencia y naturaleza) con que se expresa esa divinidad.

Ello ha podido dar lugar a que la Iglesia olvidara este himno fundamental del Nuevo Testamento y buscase o adorase a Dios muchas veces en los «grandes» y excelentes de la historia, más que en los pobres y esclavos de ella: en los que tenían una seudoimagen divina, más que en los que carecían de imagen humana.

Aquí creo que se hace necesario otro pequeño apéndice sobre un punto muy contrario a la mentalidad actual. En los textos paulinos hay 3 o 4 pequeños pasajes que hablan de la sumisión de la mujer al marido. Algunos los consideran interpolados porque contradicen la enseñanza fundamental de Pablo: que en Cristo Jesús no hay varón ni mujer, como no hay judío ni griego (cf. Gal 3,28). Eso exigiría que Pablo reclamara para la dualidad varón-mujer la misma igualdad que estaba predicando para la pareja judío-griego. El problema de esta respuesta es que, aunque sean interpolados, esos textos han quedado en el texto bíblico. Y que quizá es una solución demasiado fácil. Otros prefieren tildar a Pablo de machista, y sentirse así más apóstoles que el Apóstol (o «más papistas que el papa», como decimos hoy).

Otra explicación es esta: históricamente consta que el primer cristianismo fue acusado por los paganos de corruptor de la mujer. Por otro lado, lo que dice Pablo en la Carta a los Efesios es casi una cita literal de los llamados «códigos de familia» de aquella sociedad. Y ¿qué es lo que hace Pablo? Los asume, pero con un añadido. La mujer esté sometida al marido. Vale. Pero el marido ame a su muer «como Cristo amó a su Iglesia entregándose por ella (…); como a su propio cuerpo». ¡Casi nada! De este modo resulta que se le exige más a él que a ella. La relación se ha equilibrado así. Y este puede ser un principio sobre el modo de inculturarse de la Iglesia.

A mí esta explicación me parece más verosímil. Y puede ser confirmada por detalles como que, al final de la carta a los romanos, Pablo llame diaconisa a una mujer (Febe) y «apóstol» a una tal Junia, a la que luego nosotros convertimos en varón deformando su nombre que (según los manuscritos más antiguos) era Julia[14]. No estará mal recordar aquí las palabras de Teresa de Ávila citadas al final de nuestra introducción, cuando el Señor le dijo que «si es que podrán atarme las manos.

También cabrían aquí las dos Cartas a los Tesalonicenses (segura de Pablo la primera e incierta la segunda) pero, para no alargar demasiado estas páginas, no voy a comentarlas aquí, porque tratan problemas de la época (como el retraso de la parusía) y me parecen de lectura más fácil. Solo señalaré (porque es un indicio tácito de la propagación del cristianismo) cómo Pablo les agradece el que su fe haya sido un modelo para los creyentes de

---

[14] Este detalle de los manuscritos lo tomo de las notas de algunas biblias. Yo, por supuesto, de papirología no tengo ni idea.

Macedonia y Acaya, tanto que le han facilitado a él la predicación del Evangelio (1 Tes 1,7-8). De la que no podemos prescindir es de la que sigue:

3.5. Filemón

Una carta breve y bien ambientada en todas las biblias. Pero importante, porque nos plantea la pregunta de la postura del cristianismo ante la esclavitud. Por increíble que parezca, un talento como Aristóteles consideraba la esclavitud como conforme con la naturaleza, lo cual indica hasta qué punto estamos condicionados todos por nuestro entorno histórico y cultural.

Para el cristianismo, desde la igualdad de todos los hombres como hijos de Dios, la esclavitud es totalmente contraria a la naturaleza (por eficaz que pueda ser para el capital). Pero sucede demasiadas veces que las causas que han de cambiar no pueden cambiar en dos días. Una hipotética liberación repentina de todos los esclavos hubiese dejado en aquella sociedad miles y miles de familias sin manera de alimentarse ni techo en que cobijarse. Poco a poco irán apareciendo formas progresivas de liberación; por ejemplo: gentes que al bautizarse concedían la libertad a sus esclavos. Un paso que Pablo no parece haber conocido.

Antes de llegar a eso, nuestro apóstol adopta una actitud similar a la que vimos antes respecto de la mujer: los amos eviten el trato duro y las amenazas, sabiendo que Dios es Señor tanto de amos como de esclavos y que «en Dios no hay acepción de personas».

Los esclavos, procuren sentirse siervos de Cristo y no de un hombre, sabiendo que Dios juzgará a cada uno según lo bueno que hiciere, «tanto si es esclavo como libre» (cf. Efesios 6,5-9). Es todavía poco, pero es un paso adelante, porque cambiar la forma de la relación ayudará a cambiar la relación misma. Y esto se ve aún mejor en esta carta a Filemón. Su esclavo Onésimo había huido, delito grave por el que podía ser juzgado y condenado. Pablo le pide simplemente que lo reciba sin castigarle, como a «hermano en la carne y en el Señor». Así queda la historia como fecundada para dar un día a luz la plena libertad. Acabadas estas cartas, tratemos de dar otro salto. Dejemos por el momento lo que nos queda del llamado «corpus paulino» y pasemos a otro documento tan extraño y aislado como importante.

3.6. Hebreos

La llamada Carta a los Hebreos no es de Pablo ni es carta. Como podréis ver, su mismo autor pide al final a los lectores que, por favor, transmitan «este discurso» (este sermón) a todas las comunidades que puedan. La importancia de esta carta, como antes os dije, es que fundamenta la costumbre de la primera Iglesia de no llamar nunca sacerdotes a los ministros de la Iglesia.

Para ello comienza con una afirmación tajante de la humanidad y de la divinidad de Jesús. Asentadas estas, continúa diciendo que *por eso* (por ser plenamente Dios y plenamente hombre) es por lo que podemos llamar a

Jesús sacerdote, con un tipo de sacerdocio que elimina como «sombras» o meros anticipos o intentos vanos todos los demás sacerdocios. Jesús como sacerdote es, a la vez, *misericordioso y digno de crédito* (quizá lo primero por su humanidad y lo segundo por su divinidad). Y esto es lo único que puede constituir a alguien en verdadero sacerdote, porque lo único que vale como verdadero culto a Dios es la misericordia y no las ofrendas rituales.

Fue un error frecuente de la Iglesia aplicar solo a los «sacerdotes» de otras religiones y de la Antigua Alianza, la desautorización que hace esta carta de todos los sacerdotes. Y aplicar a los ministros de la Iglesia palabras que la carta dice «solo de Jesús». Lo cual no impedirá que, aunque esa denominación no aparece nunca en la Nueva Alianza como sustantivo, sí que la encontramos como adjetivo al hablar de los cristianos como «pueblo sacerdotal». Eso lo veremos al final, cuando introduzcamos el Apocalipsis.

3.7. Timoteo y Tito

Tras este rodeo volvamos a las cartas paulinas. Las que ahora introduciré no parecen directamente de Pablo, pues hay consenso en que pueden estar escritas por los años 90-100. Esto me obliga a deciros una palabra sobre un fenómeno hoy muy extraño y antaño bastante frecuente, conocido con el nombre de seudonimia. Era frecuente atribuir un escrito a otro autor de más envergadura y autoridad, pero no por lo que hoy llamaríamos «plagio» –para engrandecimiento del autor–, sino al revés: para dar más valor e importancia a su mensaje, al atribuirlo a una autoridad mayor. En la Biblia no es extraño este fenómeno. Muchas veces realizado no por alguien extraño al autor titular, sino por discípulos suyos que desean decir lo que creen o saben que el maestro diría en esa nueva situación.

Y no cabe duda de que en estas cartas hay afirmaciones bastante paulinas: que «mediador entre Dios y los hombres no hay más que uno: el hombre Jesús, Ungido de Dios [= Cristo]»; o que «han aparecido la humanidad y la benignidad de Jesús enseñándonos a negar a nuestro ego y sus deseos, para vivir de una manera piadosa, sobria y justa», son frases que podrían ser perfectamente de Pablo y que este hubiera firmado sin dudar.

Pero fijémonos en la fecha de estas cartas: han pasado ya como dos generaciones completas de cristianismo. Y ocurre como en todos los fenómenos históricos novedosos: a unos se les enfría el fervor inicial y a otros ese fervor se les desvía por caminos no tan auténticos. Total: eso hace necesaria la intervención de la autoridad que antes, en los momentos iniciales y con comunidades más pequeñas y la presencia todavía viva de los fundadores, no había sido tan necesaria. Si antes la institución descubrió que debía respetar al carisma, ahora el carisma descubre que necesita a la institución.

Estas cartas, por eso, son como una *recuperación de la autoridad* y de lo institucional. Los primeros protestantes (tan recientes ellos entonces) las llamaron «precatólicas». Hoy ese apelativo casi ha desaparecido. En cualquier caso, el hecho es que se hace necesaria una llamada de atención. Y, curiosamente, muchas de esas advertencias se dirigen a desviaciones que hoy llamaríamos de derechas (por ejemplo: la enseñanza de la maldad del matrimonio…). En cualquier caso, lo importante es esa evolución de la Iglesia, que algunos leyeron con cierta lógica como enfriamiento y otros como necesidad histórica, dado lo que es la pasta humana. Pero fijaos en que, a pesar de lo dicho, una de las frases más citadas y más importantes de estas cartas es el grito de: «¡No apaguéis al Espíritu!».

Dicho esto, el lector primerizo puede, si lo quiere, saltar estas cartas en su primera lectura o leerlas de manera más rápida, una vez sabe de qué van. Como también aconsejo prescindir de la llamada Carta de Judas, que os aportará muy poco. Y no sé si todos estos saltos habrán resultado pedagógicos. Pero pienso que quien se decide a leer la Biblia es porque le interesa mucho más sacar una actitud ante la vida y poder explicársela y explicarla, que poder decir aquello tan tópico de «ya lo he leído».

3.8. *Las dos cartas de Pedro*

Cuando éramos estudiantes hacíamos broma con el profesor de eclesiología diciéndole que, si entre los libros sagrados había varias cosas de Pablo y nada de Pedro, se iba a quedar él sin trabajo. Prescindiendo de esta cuestión de la autoría petrina inmediata (otra vez por razones de fechas y de un lenguaje griego bastante culto), sí que podemos hablar de un realismo de Pedro frente a la mística sublime de Pablo.

El autor sabe que sus lectores han de amar a Cristo sin haberlo conocido, comprende la tentación de desengaño porque el fin del mundo no llega y acuña esa frase de que para el Señor «mil años son como un día»; y alude a episodios que dice haber vivido él mismo (como el de la transfiguración). Más allá de eso, son textos muy exhortatorios a no comportarse según los criterios viejos del mundo, sino según los valores nuevos de Cristo.

Pero, sobre todo, lo que ahora quisiera destacaros es que Pedro no se designa aquí a sí mismo como superior de los otros presbíteros, sino como «copresbítero» con ellos. Un criterio que (saliéndonos ahora de la Biblia) estuvo muy presente en los primeros siglos: por ejemplos en la negativa a ser llamado «papa» (que se supone viene de pater patrum (padre de los padres) u obispo universal (porque no quería quitar nada a sus hermanos). Pero que desapareció totalmente desde Carlomagno, con el poder político del obispo de Roma[15].

3.9. La Carta de Santiago

Este hermano del Señor puede aportar algo importante por su contacto con Jesús y porque recoge lo más válido de la enseñanza de la Primera Alianza. Además de la definición que da de la religión, al final del capítulo primero, fijaos en cómo habla de los ricos. Y los que sean creyentes piensen que eso es «palabra de Dios» y

---

[15] Puede verse la carta de san Gregorio Magno a un patriarca oriental, que cito en *Herejías del catolicismo actual*, Trotta, Madrid 2013, 98.

no palabra de Marx, como suele decir nuestra sociedad capitalista y tantas veces seudocristiana.

Pero esta carta creó en la Iglesia primera un problema importante, cuando dice que la fe sin obras no vale para nada. Y la Carta a los Romanos lo ponía todo en la fe sola, sin las obras. La respuesta es hoy bien sencilla: ambas tienen un concepto muy distinto de la fe. Santiago habla de fe como un conocimiento meramente intelectual (por eso puede decir incluso que «los demonios creen», cosa que Pablo no hubiera dicho nunca). Pablo entiende la fe como confianza y como una entrega confiada; de ahí brotarán obras necesariamente, pero serán algo muy distinto de unas «obras morales», que brotarán de un afán de autojustificación. Esto parece hoy muy sencillo, pero dejadme añadir que el mismo Lutero, desconociendo esta aclaración, optó por declarar que la Carta de Santiago no era «canónica». Una actitud bastante frecuente en algunos investigadores, cuando algún texto de la Biblia no cuaja con sus juicios previos. Por eso dije antes que no os preocupéis si os surgen problemas en vuestra lectura.

4. El Apocalipsis

Último libro de la Biblia, muy importante, pero de lectura muy difícil, por lo que ahora explicaré. Comencemos diciendo que apocalipsis no significa calamidad (como sugería el título de una película famosa y nuestro modo de hablar). Significa más bien revelación, desvelamiento, y, en concreto, revelación sobre el sentido de la historia. Por eso la llamada literatura apocalíptica suele aparecer en momentos de dificultades históricas como las que había cuando se escribe este libro: *la persecución de los cristianos por el imperio romano*. También se da hoy como cierto que el autor de este libro no es el apóstol Juan, aunque se llame con ese mismo nombre. Pero Juan era un nombre muy frecuente en la antigüedad, y ya en el siglo III se negaba esa identificación con el autor del cuarto evangelio.

El problema de su lectura es que, por estar escrito en época de persecución, su lenguaje es todo él críptico, simbólico y de doble sentido[16]. Algunos símbolos, muy pocos, son fáciles de entender, por ejemplo, Babilona, la Bestia o la «gran prostituta» aluden claramente a Roma. Esa bestia tiene una cifra (666) de la que el autor dice: «quien sea inteligente que la descifre» (13,18); y, por combinaciones de poner números en letras, podría significar: *Nerón César*. Esta es la hipótesis más admitida, aunque Nerón murió el 64 y el Apocalipsis está escrito el año 95. Pero podría referirse entonces a Domiciano, perseguidor de los cristianos, emperador de aquel momento, a quien algunos calificaban como el Nerón redivivo; y refiriéndolo a alguien del pasado se evitaba un delito directo.

Esta alusión es solo para que se comprenda la dificultad de interpretación de este libro. A partir del capítulo 4 surgen una serie de reflexiones o narraciones septenarias (siete sellos, siete trompetas, siete cuencos…) que

---

[16] Con un poco de humor, he recordado mientras escribía lo de arriba que, en tiempos de la dictadura franquista, circulaban dichos como este: «Parte meteorológico: reina un fresco general, procedente del Noroeste…».

aconsejo saltar porque no os serán inteligibles. Mi propuesta sería, para una primera lectura: leer solo los tres primeros capítulos y luego el 21. Después, si a alguien le interesa y tiene un comentario al libro, puede entretenerse con los enigmáticos capítulos intermedios[17]. Y, de los capítulos que recomiendo, fijarse en esto: El capítulo 1 llama a Jesús «el testigo fiel». En momentos de persecución, el cristiano está llamado a imitar ese testimonio de Jesús con su fidelidad; y lo mismo en todas nuestras vidas. En los dos capítulos siguientes hay unas cartas a siete iglesias del Asia Menor con críticas claras y recomendaciones de volver al amor primero. La dura crítica al imperio que va a seguir es posible porque la Iglesia también sabe criticarse a sí misma. Y finalmente en el capítulo 21 hay una visión poética de la meta final de la historia, con todas las lágrimas de los ojos enjugadas y en una ciudad donde ya no hay templo ni sol ni luna, porque el Señor es todo eso. Así empalmamos con lo que habíamos visto al comienzo de la Biblia: allí se decía que «todo era muy bueno» y ahora se nos describe una bondad plena. Entre ese comienzo y ese final está todo este mundo y esta historia tan desastrosa, porque ya acuñó la sabiduría latina este magnífico proverbio de solo tres palabras y que tanto me gusta citar: la corrupción de lo óptimo es algo pésimo («*corruptio optimi pessima*»).

Dicho esto, quisiera sugerir, para reflexión, que aquí se sitúa el gran conflicto entre la Iglesia y el mundo, que no está tanto en el ateísmo cuanto en la idolatría. Nerón

---

[17] Puedo recomendar el de Xavier Alegre, *Memoria subversiva y esperanza para los pueblos crucificados*, Trotta, Madrid 2003.

y Domiciano se hacían proclamar y adorar como dioses. Hoy las idolatrías ya no son tan burdas (a lo mejor ni siquiera llevan ese nombre), pero el mundo vive adorando a un dios falso que exige también sacrificios humanos y cuyo nombre hebreo era «*Mamón*»: el Dinero o el Capital, del que Jesús decía que es imposible servirlo si se quiere servir a Dios, en algunas de las frases más duras de los evangelios.

Por eso, aunque algunos se sorprendan (como se sorprenderían algunos buenos romanos si hubiesen oído hablar de Roma como la gran prostituta o la Bestia), sugiero que podría hacerse una lectura de todos los capítulos saltados de este libro, poniendo, en lugar de «Babilonia», «el Capitalismo». Y no está mal terminar así la lectura de la Biblia.

* * *

Aquí concluye el acompañamiento que me solicitaron los que decidieron embarcarse en esta invitación a leer los textos bíblicos. Puedo garantizar que, con esto, hay un conocimiento suficiente y más que correcto de la Biblia. Ahora pueden seguirse caminos diferentes según cada cual: unos pondrán ya punto final; otros pueden pasar a leer de manera más rápida los libros omitidos en esta primera lectura; o volver a leer con más calma los que hemos visto aquí; o estudiar en serio algún documento concreto… «*Tants caps tants barrets*», como dicen en Cataluña. Yo, en cambio, prefiero pasar a unas conclusiones más globales y ojalá que también más útiles.

Conclusiones

Solo dos.

1. La Biblia es, de toda la literatura universal, el libro (o conjunto de libros) que más ha reflexionado y se ha preocupado *por el sufrimiento humano*; no ya por el que el hombre se causa a sí mismo, sino por el que causa a los demás. Esta preocupación va brotando en una serie de contextos de lo más cotidiano y normal: políticos, poéticos, históricos, económicos o religiosos. Al margen de la gran calidad literaria de algunas de sus páginas (junto a otras más bien pobres), este dato puede explicar por sí solo que sea el «libro» más leído de toda la historia humana. Y es una de las razones por las que merece ser llamada palabra de Dios.

2. Más importante: después de lo visto se comprenderá que *el cristianismo es una invitación, no una imposición*. Ni tampoco una religión o una filosofía. Es una invitación que el ser humano puede (y debería) encontrarse a lo largo de su vida[1]. Lo que la Biblia explica es cómo ha ido naciendo y cuajando esa invitación a lo largo de la historia. La validez de las razones o de las actitudes por las que un ser humano acepta o rechaza

---

[1] En el apéndice 5 reproduzco algo más sistematizada esa invitación.

esa invitación, solo puede juzgarlas el Misterio infinito que llamamos Dios. Lo que nos toca a los cristianos (a nivel personal y como Iglesia) es que esa invitación llegue a todo el mundo, de la manera más auténtica, más desinteresada y más solidaria posible. Pues es una invitación que reclama *confianza* (porque parece increíble[2]) y *compromiso*; y que no debemos manipular a nuestro gusto.

Puedo ahora confesar que también elegí ese título de invitación porque, en mi adolescencia, cuando comencé a interesarme por la música clásica, por influjo de mi padre, me gustaba mucho la *Invitación a la danza* de Karl Maria von Weber (o *Invitación al vals* en otras traducciones). Me agrada describir así el fondo de la invitación cristiana: *una llamada a transformar esta realidad cruel para que aparezca su dimensión más auténtica, de la que la danza puede ser una bella metáfora.*

Y es hora de despedirme. Faltan varias cosas, pero no quiero que lo que tenía que ser un aperitivo se convierta en un curso. Ojalá esto, además de animaros a comenzar a leer, os ayude algo a vivir. Porque la empresa es, a ratos, más pesada de lo que parece.

---

[2] «¡No será verdad tanta belleza!», según el clásico dicho castellano.

APÉNDICES

1

Expresividad literaria
(*La Vanguardia*, abril de 2014)

Hay en la Biblia unas páginas, menos conocidas, que presentan el dolor humano con una intensidad dramática y una belleza expresiva pocas veces alcanzadas. Son las llamadas Lamentaciones, atribuidas antaño a Jeremías, pero no suyas. Y cantan la destrucción de Jerusalén por Nabucodonosor, conjugando imágenes de orfandad con las de abuso, maltrato o violación de la mujer querida, madre, novia o esposa. Algunas expresiones son dignas de la *Ilíada*, aunque la obsesión por componer en forma de acróstico obliga a repeticiones y frases de relleno que diluyen su belleza:

«Jerusalén ha quedado viuda, se pasa las noches llorando, ha perdido toda su hermosura (…). A las criaturas se les pega la lengua al paladar de pura sed; sus jóvenes con venas como zafiros están ahora más negros que el hollín y nadie los reconoce; manos de mujeres delicadas cuecen a sus propios hijos y se los comen (…). El gozo del corazón se ha vuelto duelo. Y Dios se ha envuelto con nubes para que no le alcancen mis plegarias».

Más allá de consideraciones literarias, impacta la relación de los autores con Dios. El pueblo se sabe pecador y lo reconoce; llega a confesar que había tomado el amor de Dios como patente de corso para hacer lo que le diera la gana: como Dios nos quiere y está de nuestra parte, Jerusalén nunca será conquistada, «ni los reyes ni los habitantes del orbe creían que un enemigo lograría entrar por las puertas de Jerusalén (...). Tus profetas ofrecían visiones engañosas y falsas». Hasta que tamaña ceguera fue desenmascarada por el impacto de aquel primer holocausto.

Pero, aun con ese reconocimiento, la tragedia ha sido tal y está descrita con tanto dramatismo que lleva al autor a preguntarse si la justicia de Dios no será excesiva y hasta cruel, por el castigo que les ha enviado: «El Señor ha clavado en mis entrañas todas las flechas de su aljaba; ¿es que tu cólera no tiene medida?». A pesar de esa duda, las Lamentaciones recobran fuerza para acabar con un acto de confianza y esperanza en Yahvé: «*su misericordia no termina, su compasión no se acaba y su fidelidad se renueva cada mañana*».

Ahí está encerrada toda la antinomia y la grandeza de la fe judía, a la que Jesús vendrá a añadir un dato decisivo. La muerte de Jesús, a quien «nadie podía argüir de pecado» (Jn 8,46), no puede ser vista como castigo de Dios ni como enviada por Dios. Desde ella, tampoco la caída de Jerusalén debe ser vista como castigo enviado por un Dios justiciero. Simplemente obedecen ambas a dos leyes de esta historia, a la que Dios respeta y en la que no interviene como un agente más intrahistórico. Lo que le ocurrió a Jerusalén es que abusó tanto de su situación privilegiada que acabó perdiéndola («tanto va el cántaro a la fuente que al fin se rompe»). Y lo que ocurrió a Jesús es lo que expresa otro refrán posterior («quien se mete a redentor sale crucificado»): en este mundo injusto y criminal, nadie lucha a favor de las víctimas y denuncia a sus opresores sin que acabe desatando una reacción en contra, tan desesperada como disfrazada de honorabilidad. Lo que algunos biblistas califican como «el principio de Caifás» (aludiendo a Jn 11,50: «vale más que muera ese hombre para que nos salvemos nosotros») rige casi toda la política humana. Ambos son principios de sabiduría histórica con los que tropezamos cada día en la práctica.

Pero, al margen de esos principios, situada la pasión de Jesús en el contexto de las Lamentaciones, cambia en buena parte la imagen veterotestamentaria de Dios. Jesús sabe que Dios no le envía su pasión, aunque debe respetar que Dios no intervenga en esta historia «enviando legiones de ángeles» (Mt 26,54) a salvarle, como esperaría la piedad veterotestamentaria. Sabe también que, a pesar de ese silencio de Dios, puede confiar en su amor y encontrar en él la fuerza para morir exclamando: «Padre, en tus manos pongo mi vida». Ello le da fuerzas incluso para morir perdonando, sin esperar un castigo vengador de Dios sobre sus verdugos.

Para un cristiano puede resultar bueno estos días leer las Lamentaciones del Antiguo Testamento junto con la pasión. Y, de paso, preguntarse si nosotros tenemos hoy un peligro similar al de los antiguos moradores de Jerusalén: convertir el amor de Dios en una especie de seguro del que podemos usar y abusar; una justificación para mil autoengaños y caprichos, que hacen del Dios-amor un Dios consentidor, cuando el amor siempre es exigencia de más. Una experiencia ya larga enseña que quienes entienden así el amor de Dios se quedan en cristianos enclenques; mientras que quienes reconocen la exigencia que Dios supone maduran hasta ser personas fuertes. Nuestro dilema como creyentes es este: todo ser humano puede (y con frecuencia suele) abusar del amor. Y Dios es amor, pero no por eso es (como se formula hoy) «un Dios a la carta» o a la medida de mis deseos. No es un Dios opresivo, de ningún modo, pero tampoco es un Dios permisivo. Por eso acaba resultando, para todos, un Dios subversivo.

2

De Nietzsche: *La gaya ciencia* (par. 125)

¿Dónde está Dios? Os lo voy a decir. Lo hemos muerto vosotros y yo; todos nosotros somos sus asesinos. Pero ¿cómo hemos podido hacerlo? ¿Cómo pudimos vaciar el mar? ¿Quién nos dio la esponja para borrar el horizonte? ¿Qué hemos hecho después de desprender a la tierra de la cadena de su sol? ¿Dónde la conducen ahora sus movimientos? (…) ¿Es que caemos sin cesar? ¿Vamos hacia adelante, hacia atrás, hacia algún lado, erramos en todas direcciones? ¿Hay todavía un arriba y un abajo? ¿Flotamos en una nada infinita? ¿Nos persigue el vacío con su aliento? ¿No sentimos frío? ¿No veis de continuo acercarse la noche, cada vez más cerrada? ¿Necesitamos encender las linternas antes del mediodía? ¿No oís el rumor de los sepultureros que entierran a Dios? ¿No percibimos aún nada de la descomposición divina?...

¿Cómo consolarnos nosotros, asesinos entre los asesinos? Lo más sagrado, lo más poderoso que había hasta ahora en el mundo ha teñido con su sangre nuestro cuchillo.

¿Quién borrará esa mancha de sangre? ¿Qué agua servirá para purificarnos? ¿Qué expiaciones, qué ceremonias sagradas tendremos que inventar? La grandeza de ese acto ¿no es demasiado grande para nosotros? ¿Tendremos que convertirnos en dioses o, al menos, parecer dignos de los dioses? Jamás hubo acción más grandiosa y los que nazcan después de nosotros pertenecerán, a causa de ella, a una historia más elevada que lo fue nunca historia alguna.

3

Israel

(La Vanguardia, 26 de enero de 2009)

Creo que Israel es el pueblo más grande de la historia de la humanidad. Y no lo digo ahora por razones bíblicas o religiosas, sino por una retahíla de nombres que llenarían todo este espacio. Pero la sabiduría romana había dicho ya que «la corrupción de lo óptimo es exactamente lo pésimo». Un Israel infiel a sí mismo puede ser la vergüenza y lo más abominable de nuestra humanidad, igual que un Israel fiel a sí mismo puede ser la gloria de nuestra humanidad. Un ejemplo de ello puede estar en los salmos, donde se juntan las más finas expresiones religiosas con las más aberrantes violencias de la religión.

Creo que, en estos momentos, Israel está dando la peor versión de sí mismo. Los argumentos de quienes han defendido el cruel extermino de Gaza me resultan vacíos: «Israel tiene derecho a defenderse». Por supuesto, pero no es eso lo que ahora se discute, sino si esa es una forma ética de defenderse. ¡Hasta Hitler quiso justificar su genocidio con argumentos de defensa propia! «Israel es la única democracia de la zona». Quizá sí. Pero Hamás ganó en Gaza unas elecciones absolutamente limpias y con una mayoría que ya la querría cualquiera de nuestros políticos. Además, una democracia no constituye una excusa para ser más inhumano, sino una obligación de ser más humano, como se ha dicho últimamente a propósito de Estados Unidos. Creo más bien que, en España, entre gente de «buena posición», existe un larvado antisemitismo dirigido hacia los árabes (que también son semitas), y que encuentra en la defensa de Israel una engañosa patente de corso.

Hitler también subió al poder democráticamente. Habrá que preguntar entonces qué pasa en nuestras democracias que se convierten a veces en promoción de dictadores. Una primera respuesta puede ser la desesperación. Y Gaza está desesperada, por lo que ahora diré. Otra respuesta puede ser por el odio que recibe. De ser así, habría que decir que el mayor daño que hizo Hitler a los judíos no fue solo el extermino de casi 6 millones, sino el haber conseguido que ese pueblo admirable se pervirtiera y sacara a flote lo peor de sí mismo. Otra razón es que nuestra falta de democracia económica va creando un tipo de sociedad banal, consumista, e inmediatista, que es caldo de cultivo para la violencia.

Pero más que hablar yo, como homenaje a ese pueblo al que sigo admirando, prefiero citar un artículo que salió el pasado 30 de abril en *The Guardian*. Lo firmaban 83 judíos y declaraban que ellos no celebrarían en 2008 el 60 aniversario de la constitución del estado de Israel. Por estas razones:

«Ya es hora de conocer el relato de los otros y el precio que otros pueblos han pagado por el antisemitismo y las políticas genocidas de Hitler. Lo que fue el holocausto para los judíos la ha sido la *naqba* para los palestinos... En abril de 1948, el mismo mes de la infame matanza de Deir Yassim y el ataque mortal contra civiles palestinos en la plaza del mercado de Haifa, se puso en acción el plan Dalet, que autorizaba la destrucción de poblaciones palestinas y la expulsión de sus habitantes fuera de las fronteras del estado judío. En julio de 1948, setenta mil palestinos fueron expulsados de sus hogares en Lydda y Ramala, en plena canícula estival y sin agua ni alimentos. Eso no queremos celebrarlo. En total hubo 750 000 refugiados palestinos. Cuatrocientos pueblos fueron borrados del mapa. Y no acabó con esto la *limpieza étnica*. Miles de palestinos que eran ciudadanos israelíes fueron expulsados de Galilea en 1956. Varios miles más murieron cuando Israel ocupó Cisjordania y Gaza. Según las leyes internacionales y la resolución 194 de Naciones Unidas, los refugiados de guerra tienen derecho al regreso y a una compensación. Israel nunca ha aceptado ese derecho. Y esto no vamos a celebrarlo. No podemos celebrar el nacimiento de un estado fundado sobre el terrorismo, las mascares y el despojo de la tierra de otro pueblo. No celebraremos el nacimiento de un estado empeñado en una limpieza étnica, y que viola la ley internacional infligiendo un monstruoso castigo colectivo a la población civil de Gaza, y que continúa negando sus derechos a los palestinos. Lo celebraremos cuando árabes y palestinos vivan como iguales en un Oriente Medio pacificado».

¿Son quienes firman este escrito antisemitas o peores judíos que los actuales dirigentes de Israel? Esa es la pregunta interna a la historia de este pueblo: Isaías, Jeremías, o Amós y Jesús... ¿fueron peores judíos que Sedecías, el rey Joaquín o Caifás? Cuando Israel presumía de sus viñas y la calidad de sus vinos, el profeta Ezequiel (c. 15) se limitó a recordar irónicamente que la madera de la viña es la peor de todas: no sirve para la casa ni para clavar un clavo y es muy mala como leña. Algo semejante han hecho estos 83 judíos. Gracias hermanos. Ningún pueblo sería capaz de una reacción así.

N. B. ¿Parece de hoy? Pues es de hace 15 años.

4

Job sigue dando lecciones importantes
(Enviado a *El Ciervo*, julio de 2024)

Gustavo Gutiérrez ya mostró que es imposible dedicarse a la teología de la liberación sin meterse no solo en los profetas bíblicos, sino en el libro de Job. Esta pasada cuaresma volví a ese libro y he aprendido algunas cosas que me parecen útiles. Aquí van por si sirven a alguien.

De hecho, y a pesar de sus enfrentamientos, la argumentación de los tres protagonistas (Job, los amigos y Dios) coincide bastante: Dios es misterio incognoscible, poderoso y justo. Pero de ese principio, Job y los amigos sacan conclusiones opuestas. Según estos: «Eres un pecador castigado; reconócelo y Dios te perdonará y cesará tu sufrimiento». Según Job: «Soy inocente y es inicuo mi sufrimiento». Pero de todo ese maremágnum de argumentos y discursos, acaban brotando algunas lecciones importantes:

1. Job en sus reflexiones va descubriendo que este es un mundo injusto y que *su sufrimiento no es único*, sino parte de todo ese otro dolor del mundo, que brota mucho más de la injusticia y la maldad que de accidentes o

enfermedades. Y Dios tampoco responde a ese otro dolor: «los malvados mueven los linderos, roban rebaños, (…) echan del camino a los pobres (…), arrancan del pecho al huérfano y toman en prenda al niño del pobre (…), piden socorro los heridos y Dios no hace caso de su súplica» (24,2-12).

2. En segundo lugar, tiene mucha gracia también la advertencia de Job a sus amigos: «Seríais mucho más sabios si callarais todos» (13,5). Incluso él mismo se pregunta después qué haría si los amigos estuviesen en su lugar (16,4). Ahí está toda *esa palabrería del clericalismo insolidario* que más tarde criticará A. Camus en el jesuita Paneloux de *La peste*. Gustavo ya avisaba del peligro de que casi toda la teología que se hace en nuestras iglesias sea la teología «de los amigos de Job».

3. Por otro lado, cuando Dios interviene no habla solo de su grandeza, sino de *la pequeñez del hombre* que se cree grande en este mundo. Y describe esa pequeñez mediante la comparación… ¡con un animal! Son los casi dos capítulos dedicados al hipopótamo (40-41): si el hombre no puede hacerle frente y salir ileso, cómo va a hacer frente a Dios. El dolor debe al menos corregir esa pretensión humana de grandeza.

4. Y finalmente, lo más curioso y paradójico es que Dios, por un lado, *reprende a Job* por lo que ha dicho, pero, por el otro, *riñe a los amigos* porque han hablado mal de Él y les dice que Job sí que ha hablado bien y que necesitarán la intercesión de Job para ser perdonados. La queja justificada es mejor que una hipócrita culpabilización para ganarse al otro.

Creo que estas lecciones son todas muy importantes. Pero también debemos confesar que la pregunta por el problema del sufrimiento queda sin respuesta adecuada en este libro bíblico: Job es solo una invitación a seguir confiando.

Y eso puede dar cierta verosimilitud a la hipótesis de que los capítulos iniciales y el final sean añadidos posteriores (sobre todo los primeros): se buscó una solución en la idea del dolor como puesta a prueba. Esto vale a medias. Que el dolor es una prueba para todos los sufrientes, resulta claro. Pero no es una prueba enviada directamente por Dios (lo de la apuesta con Satán es bastante ingenuo); es una prueba que brota de la autonomía del mundo y del carácter inacabado de la creación (que el Antiguo Testamento y la antigüedad desconocían), así como también del mal estructurado en este mundo.

Pidámosle pues a Job solo lo que él ofrece. Que ya es bastante. El mal, en mi opinión, nunca dejará de ser un escándalo.

5

Introducción al cristianismo
(*La Vanguardia*, 25 de septiembre de 2022)

Hablando con gentes que buscan «algo más», en las que el vacío es casi una herida, que quieren volver, pero no saben a dónde porque (me dicen) la catequesis que recibieron ni les sirvió ni la recuerdan..., he pensado a veces en remitirlos directamente al Evangelio. Pero tampoco eso es fácil: porque los evangelios, por inspirados que sean, tampoco se libran del sello y los tonos de hace veinte siglos. Pues Dios actúa siempre respetando lo humano, y no sustituyendo lo humano.

Quiero proponer por eso un resumen de lo que quieren decir los evangelios, con la aportación de cada uno y comenzando por el último:

1. «Dios ama tanto a este mundo que le envió a su Hijo no para condenar al mundo sino para salvarlo» (Jn 3). El objeto del amor de Dios es el mundo, no la Iglesia. La Iglesia, si no es una señal viva y eficaz de ese amor, es infiel a Dios.

2. ¿Qué significa ese amor de Dios al mundo? Pues que: «Dichosos los pobres, los hambrientos, los que

lloran; y malditos los ricos, los hartos y los que persiguen a los anteriores» (Lc 6). 3. ¿Qué significa eso para cada ser humano? Pues que dichosos los que ante la situación anterior reaccionan con un hambre de justicia que brota de la misericordia y con una misericordia que llega hasta el hambre y sed de justicia, con todas las consecuencias que de ahí puedan seguirse (Mt 5; y si eso no queda bastante claro puede añadir el lector la célebre frase de Mt 25: «Tuve hambre y me disteis de comer (…) a mí me lo hicisteis»). 4. ¿Qué consecuencias puede tener esa opción para nosotros? Pues que (inesperadamente) alguna vez gritemos «pase de mí este cáliz» y «Dios mío ¿por qué me has abandonado?» (Mc 14 y 15).

Puede quedar una última pregunta para todos los que intentan volver: ¿qué caray es eso de la Trinidad? Pues recuerdan que aprendieron a santiguarse «en el nombre del Padre, del Hijo y del Espíritu», sin saber lo que decían.

Un detalle significativo, previo a la respuesta: los grandes místicos han sido por lo general profundamente trinitarios. Los intelectuales y los teólogos no demasiado. Y es que la Trinidad significa más o menos esto: el Nuevo Testamento concluye con la frase: «Dios es amor». Y eso significa: la clave última de todo lo que existe (llámala Dios o como quieras llamarla) es un Misterio de comunión infinita y absoluta. Eso es todo.

Los humanos podemos tener pequeñas experiencias de comunión: asombrosas a veces, pero relativas y finitas. Hasta dónde puede llegar ese atisbo nuestro en el Ser infinito y absoluto, no podemos ni imaginarlo. Solo cabe el asombro adorador, sobrecogido y confiado ante esa Buena Noticia.

Porque se trata de una gran noticia. Que sale al encuentro de la lucidez de un Sartre, cuando proclama que «el hombre es una pasión inútil»: porque somos una pasión de Absoluto y el Absoluto no existe. El anuncio cristiano se atreve a decir que no somos una pasión inútil, sino una pasión esperanzada: porque el Absoluto sí que existe.